T0207933

essentials

essentials liefern aktuelles Wissen in konzentrierter Form. Die Essenz dessen, worauf es als „State-of-the-Art" in der gegenwärtigen Fachdiskussion oder in der Praxis ankommt. *essentials* informieren schnell, unkompliziert und verständlich

- als Einführung in ein aktuelles Thema aus Ihrem Fachgebiet
- als Einstieg in ein für Sie noch unbekanntes Themenfeld
- als Einblick, um zum Thema mitreden zu können

Die Bücher in elektronischer und gedruckter Form bringen das Fachwissen von Springerautor*innen kompakt zur Darstellung. Sie sind besonders für die Nutzung als eBook auf Tablet-PCs, eBook-Readern und Smartphones geeignet. *essentials* sind Wissensbausteine aus den Wirtschafts-, Sozial- und Geisteswissenschaften, aus Technik und Naturwissenschaften sowie aus Medizin, Psychologie und Gesundheitsberufen. Von renommierten Autor*innen aller Springer-Verlagsmarken.

Weitere Bände in der Reihe https://link.springer.com/bookseries/13088

Stefan Huch

Grundlagen des EU-Kartengeschäfts

Charakteristik und innovative Geschäftsmodelle von Digital Payments und Kartenzahlungen

2. Auflage

Stefan Huch
Leipzig, Deutschland

ISSN 2197-6708 ISSN 2197-6716 (electronic)
essentials
ISBN 978-3-658-36545-5 ISBN 978-3-658-36546-2 (eBook)
https://doi.org/10.1007/978-3-658-36546-2

Die Deutsche Nationalbibliothek verzeichnet diese Publikation in der Deutschen Nationalbibliografie; detaillierte bibliografische Daten sind im Internet über http://dnb.d-nb.de abrufbar.

Planung/Lektorat: Nora Valussi
Springer Gabler ist ein Imprint der eingetragenen Gesellschaft Springer Fachmedien Wiesbaden GmbH und ist ein Teil von Springer Nature.
Die Anschrift der Gesellschaft ist: Abraham-Lincoln-Str. 46, 65189 Wiesbaden, Germany

Was Sie in diesem *essential* finden können

- Verschafft ein solides Verständnis über das Kartengeschäft, Marktteilnehmer und die wichtigsten Kostengrößen
- Die Abbildung der Architektur des Kartengeschäfts und einzelnen Ablaufprozesse verdeutlichen die hohe Komplexität, vereinfacht dargestellt
- Vermittelt einen Überblick über Anwendungsfelder des Kartengeschäfts im Rahmen digitaler Geschäftsmodelle, End-to-End betrachtet
- Bietet Einblicke in die Aufbau- und Ablauforganisation der European Payment Initiative, sowie deren Ansatz und Value Proposition

Vorwort zur 2. Auflage Für Wilhelmine Klara Huch

Dieses essential entstand während meiner Tätigkeit bei Capgemini Invent, sowie im Rahmen meiner Professur an der Hochschule RheinMain. Bereits 2013 promovierte ich zu dem Thema: „Die Transformation des europäischen Kartengeschäfts" an der Universität Leipzig und sammelte weiterhin mehrjährige Erfahrung als Projektleiter im Zahlungsverkehr in der Industrie und Beratung.

Ziel des essentials ist es, einen Einblick in die Charakteristik des Kartengeschäfts zu geben, insbesondere im Hinblick auf die Two Sided Market Theorie sowie die Einbindung des Kartengeschäfts in digitale Geschäftsmodelle und moderne Kartenschemes wie die European Payment Initiative[1] (EPI). Zu Beginn wird die Wertschöpfungskette erläutert und kritisch hinterfragt. Weiterhin vermittelt die Illustration der Architektur der Schemes und der charakteristischen Kostenarten des Kartengeschäfts ein besseres Verständnis für die regulatorische und wirtschaftspolitische Situation und besondere volkswirtschaftliche Bedeutung des Kartengeschäfts. Anschließend soll das essential die Bedeutung des Kartengeschäftes in der Wirtschaft hervorheben. Dazu wird beschrieben, wie Kartenzahlungen innovative, digitale Geschäftsmodelle fördern und welche Vorteile Kartenzahlungen dabei bieten. Untermauert wird dies vor allem durch die End-to-End Darstellung des Kartengeschäfts entlang der Wertschöpfungskette von

[1] Die Europäische Zahlungsverkehrsinitiative (EPI) ist eine von der EZB und der Europäischen Kommission unterstützte Initiative von Banken mit dem Ziel, ein paneuropäisches Zahlungssystem und Interbankennetz zu schaffen, das sich zum einen auf Instant Payment/SEPA Instant Credit Transfer (SCT Inst) und zum anderen auf Kartenzahlungen stützt, um den Verbrauchern und Händlern in ganz Europa eine paneuropäische Zahlungskarte, digitale Geldbörse und P2P-Zahlungen anzubieten. Vgl. Alt und Huch (2021)

Unternehmen. Abschließend wird die European Payment Initiative (EPI) vorgestellt. Eine Initiative die im Juli 2020 gegründet wurde und neben dem SCTInst essentiell auf Kartenzahlungen aufbaut.

Dieses Springer essential verdeutlicht die Besonderheit des EU-Kartengeschäfts, sowohl am POS als auch im Umfeld der E- & M-Payment. Getrieben von der ransten Entwicklung des E-Commerce als Vertriebskanal, die Zunahme des Bedarfs für digitale Payments im Nicht-Banken Umfeld und die Bereitschaft der Unternehmen den Kunden eine international Zahlungsakzeptanz anzubieten, richten den Fokus insb. bei der Etablierung innovativer Geschäftsmodelle auf die Monetarisierung und somit auch auf das Kartengeschäft. Dabei ist es wichtig, dass die Monetarisierung als „Commodity" verstanden wird, d. h. reibungslos, vollautomatisiert und risikolos abläuft. In Europa gibt es durch die Herstellung der SEPA-Compliance und die damit verbundene Umstellung des Kartengeschäfts (SEPA Card Clearing) auf die SEPA Standards ein geeignete Grundlage für eine Vereinheitlichung des Marktes. Dies fördert die Akzeptanz von Kartenzahlungen was vor allem durch die stetig steigende Anzahl der Kartentransaktionen, die zunehmende Anzahl von Händlern und Karteninhabern oder die Etablierung der Kartenzahlungen als wesentliche Grundlage im EPI Scheme verdeutlicht. All dies öffnet den Zahlungskarten auch künftig neue Märkte.

Die 2. Auflage wurde aktualisiert und erweitert.

Leipzig
im Oktober 2021

Stefan Huch

Inhaltsverzeichnis

Abkürzungsverzeichnis

API	Application Programming Interface
BIF	Bilaterale Interchange Fee
BIZ	Bank für Internationalen Zahlungsausgleich
C&S	Clearing und Settlement
CSM	Clearing Settlement Mechanism
CT	Credit Transfer (Überweisung)
DD	Direct Debit (Lastschrift)
DTA	siehe DTAUS
DTAUS	Datenträgeraustausch-Verfahren
EAPS	Euro Alliance of Payment Schemes
EC	European Comission
ECB	European Central Bank
ELV	Elektronisches Lastschriftverfahren
EP	Europäisches Parlament
EPI	European Payment Initiative
EU	Europäische Union
EZB	Europäische Zentralbank
IFID	Märkte für Finanzinstrumente
ISO	International Organization for Standardization
KYC	Know Your Customer
MIF	Multilateral Interchange Fee
MIFID	Markets in Financial Instruments Directive
MSC	Merchant Service Charge
NFC	Near Field Communication
NSP	Network Service Provider (Netzbetreiber)
PCI DSS	Payment Card Industry Data Security Standard

PI	Payment Institution
POS	Point of Sale
PSD	Payment Service Directive
PSP	Payment Service Provider
PSU	Payment Service User (Zahlungsdienstnutzer)
SDD	SEPA Direct Debit
SEPA	Single Euro Payments Area
TF	Transaction Fee
TPP	Third Party Provider (Zahlungsdienstleister)
WS K	Wertschöpfungskette Kartenzahlungen
WS AZV	Wertschöpfungskette Allgemeiner Zahlungsverkehr

Einleitung

1

Zahlungskarten[1] sind das am weitesten verbreitete und am häufigsten verwendete Non-Cash-Zahlungsinstrument in Europa und der Euro-Zone.[2] Allein in Deutschland ist die Anzahl der Zahlungskarten seit 2009 von ca. 129 Mio. auf ca. 174 Mio. Zahlungskarten in 2020, die von deutschen Kreditinstituten an Kunden ausgegeben worden, angestiegen – weit mehr als in jedem anderen europäischen Land.[3] Nach Angaben des Capgemini World Payment Reports 2021 sind Kartenzahlungen zudem das am schnellsten wachsende Non-Cash-Zahlungsinstrument in Europa.[4] Allein der mit unterschiedlichen Zahlungskarten im Jahr 2020 am Point of Sale im Euro-Raum getätigte Umsatz hat 1.374,9 Mrd. Euro bei einer Anzahl von 47,820 Mrd. Transaktionen betragen, was ca. 47 % des gesamten Transaktionsvolumens über alle Zahlungsinstrumente im Euro-Raum entspricht.[5] Zwar liegen nach Studien des EHI 2021 Zahlungskarten (ca. 11 %) bei den im deutschen E-Commerce verwendeten Zahlungsmethoden noch hinter Kauf auf Rechnung (ca. 33 %), Paypal (ca. 20 %) und Lastschrift/Bankeinzug (ca. 18 %). Allerdings muss berücksichtigt werden, dass auch Wallet-Lösungen wie Paypal, neben den internen Verrechnungen, die Transaktionen zum Aufladen der Wallet auf Basis von Zahlungskarten abwickeln, um bspw. Geld aus der Geldwirtschaft in die E-Wallet zu transferieren. Hinzu kommt die steigende Nachfrage nach modernen Anbietern in Deutschland wie Apple Pay, Google Pay,

[1] In dem essential wird zwischen Debit-, Charge- und Kreditkarten unterschieden.

[2] Nach Angaben der European Central Bank 2021 sind ca. 739 Mio. Zahlungskarten in Europa und ca. 609 Mio. Zahlungskarten in der Euro-Zone in Benutzung.

[3] Vgl. http://sdw.ecb.europa.eu/reports.do?node=1000001967.

[4] Vgl. Capgemini Research Instiute (2021).

[5] Vgl. http://sdw.ecb.europa.eu/reports.do?node=1000001446, http://sdw.ecb.europa.eu/reports.do?node=1000004051.

S. Huch, *Grundlagen des EU-Kartengeschäfts*, essentials,
https://doi.org/10.1007/978-3-658-36546-2_1

Alipay oder Kryptowährungen, sodass davon auszugehen ist, dass auch künftig die Bedeutung der Zahlungskarten zunehmen wird.[6] Zudem kommt neben dem Vorteil, dass Kartenzahlungen zum wichtigsten Pendant der Bar- und Scheckzahlungen zählen, dass sich diese zusätzlich durch ergänzende Funktionen wie die Verfügbarkeit von Kreditrahmen, insbesondere bei Charge- und Kreditkarten, oder sogenannten Value-Added Services für den Karteninhaber auszeichnen.

Neben der Dominanz im europäischen Zahlungsverkehr ist das europäische Kartengeschäft, insbesondere im Euro-Raum, durch weit auseinanderdriftende Reifegrade in der Kartennutzung und unterschiedliche nationale Eigenschaften charakterisiert. Beispielhaft wird dies anhand der Anzahl der Pro-Kopf-Transaktionen pro Jahr ersichtlich/deutlich, die die unterschiedliche Nutzung der Zahlungskarten in den einzelnen Euro-Ländern darstellen. Während 6 Transaktion pro Kopf in 2019 kaum Kartentransaktionen zu verzeichnen sind, dominiert das Zahlungsinstrument „Karte" mit ca. 390 Transaktionen pro Kopf vergleichsweise den dänischen Markt. Als Ursache für diese Abweichung im Zahlungsverhalten der Karteninhaber je Mitgliedstaat können nationale Differenzierungsmerkmale, z. B. in Form kultureller Besonderheiten[7], angeführt werden. Dennoch haben sich trotz dieser unterschiedlichen nationalen Entwicklungen und Einflussfaktoren die Kartenzahlungen fest in der Euro-Zone als Zahlungsinstrument etabliert, sogar in Volkswirtschaften mit einem traditionellen Markt für Barzahlungen.[8]

Weitere charakteristische Merkmale des Kartengeschäfts als Two-Sided-Market, die für die nähere Untersuchung des Themengebiets notwendig sind, finden sich u. a. in einer zersplitterten Wertschöpfungskette, der Dominanz einzelner Marktteilnehmer, in der Vielzahl der einzelnen Abwicklungsprozesse sowie einer komplexen Architektur der Schemes wieder. Diese Merkmale werden im Folgenden als Struktur des Kartengeschäfts näher erläutert. Zudem spielen die Kostenarten des Kartengeschäfts eine wesentliche Rolle im Marktgeschehen der Zahlungskarten, weshalb auch dieses Charakteristikum als Bestandteil der Struktur des Kartengeschäfts näher beschrieben wird. Hervorzuheben sind dabei

---

[6] Vgl. Capgemini Research Instiute (2021).

[7] Zu den kulturellen Besonderheiten eines Mitgliedstaats zählen in diesem Fall bspw. die präferierte Nutzung von Bargeld durch die Kunden am POS, die Bevorzugung kontobezogener Dienstleistungen anstatt der kartenbezogenen Dienstleistungen wie dem Kontokorrentkredit (der Kontokorrentkredit zählt u. a. zu den Substitutionsprodukten von Charge- und Kreditkarten) durch die Karteninhaber, der technische Fortschritt in der Infrastruktur, z. B. die Schnelligkeit einer Kartenzahlung ATM oder POS, oder die allgemeine Akzeptanzbereitschaft der Händler für Kartenzahlungen. Vgl. Huch (2013, S. 142 ff.).

[8] Vgl. http://sdw.ecb.europa.eu/reports.do?node=1000001453.

insbesondere die substantiellen Abweichungen der durch die Marktteilnehmer zu entrichtenden Gebühren, vor allem die Höhe der Interchange Fee.

2 Das europäische Kartengeschäft – „The Two-Sided-Market"

Die nähere Betrachtung der Struktur des Kartengeschäfts zeigt, dass die Koordination aller beteiligten Parteien eine hohe Komplexität bedingt, um Kartenzahlungen abzuwickeln. Vorreiter der wissenschaftlichen Forschung zur Struktur des Kartengeschäfts sind u. a. die Ökonomen Jean-Charles Rochet, Jean Tirole, Mark Armstrong, David Sappington, David Evans und Richard Schmalensee gewesen, die die Eigenschaften von Zahlungsmärkten auf Basis der Two-Sided-Markets untersucht haben.[1] Dabei kamen die Autoren u. a. zu der Erkenntnis, dass neben einer Vielzahl von nationalen Eigenarten vor allem die Komplexität ein Alleinstellungsmerkmal der Struktur des Kartengeschäfts ist, charakterisiert durch die Vielseitigkeit in den Produktausprägungen, Abwicklungsformen, Cash-Flows und die Anzahl der involvierten Parteien. Diese Komplexität in der Struktur der Two-Sided-Markets kennzeichnet maßgeblich auch das Verhalten der Marktteilnehmer und -prozesse. Darüber hinaus haben die Autoren die besondere Eigenschaft der Two-Sided-Markets erkannt, die interessante wirtschafts- und wettbewerbspolitische Implikationen hervorhebt. Gängige wirtschafts- und wettbewerbspolitische Schlussfolgerungen sowie ableitende Maßnahmen, die in bestehenden einseitigen Märkten wie dem Zahlungsverkehr Gültigkeit haben, können nach Auffassung von bspw. (Evans 2004), (Wright 2004), (Evans und Schmalensee 2005), (Sidak und Willig 2016) sowie (Li et al. 2020) auf Two-Sided-Markets gegensätzliche Reaktionen zur Folge haben.[2] Daher ist die Wertschöpfung im Kartengeschäft im Vergleich zum allg. Zahlungsverkehr[3] mitunter durch unterschiedliche

[1] Vgl. Huch (2013, S. 7 ff.).

[2] Regulatorische Eingriffe wie die Gebührensenkung, die bei einseitigen Märkten zur Wohlfahrtsförderung führen, können in zweiseitigen Märkten zu einer Wohlfahrtsminderung führen. Vgl. Abele et al. (2007, S. 8).

[3] Vgl. Huch (2013, S. 31 ff.).

S. Huch, *Grundlagen des EU-Kartengeschäfts,* essentials,
https://doi.org/10.1007/978-3-658-36546-2_2

strategische Verhaltensmuster der Marktteilnehmer sowie wirtschaftspolitische Bedingungen geprägt.

Folgt man den Ausführungen von (Evans 2004) sowie (Evans und Schmalensee 2005) und berücksichtigt zusätzlich die Arbeiten von (Rochet und Tirole 2003, 2006a, b, 2011), (Armstrong 2005), (Armstrong und Sappington 2006) sowie (Bolt und Schmiedel 2009), dann liegt eine weitere Besonderheit der Struktur des Kartengeschäfts in der Existenz der Interchange Fee als dominierende Kostenart des Kartengeschäfts im Sinne einer Kostenverteilung vor. Denn, um eine ungleiche Behandlung bzw. Preissteigerungen, die einseitig direkt oder indirekt auf eine Marktseite umgelegt werden sollen, zu vermeiden, fungiert die Interchange Fee als Ausgleichsmedium. In der Theorie bedeutet dies, dass Issuer und Händler Benachteiligungen, die nicht direkt oder indirekt über Preissteigerungen an die Endverbraucher weitergegeben werden können, nicht ausschließlich selbst kompensieren müssen, sondern dass mögliche Benachteiligungen durch die Zahlung der Interchange Fee kompensiert werden. Die Interchange Fee schafft somit einen Ausgleich zwischen den beiden Marktseiten des Kartenmarkts, dem Karteninhaber und dem Issuer auf der einen sowie dem Händler und dem Acquirer auf der anderen Seite des Markts.[4]

Eine weitere Besonderheit der Struktur des Kartengeschäfts sind die positiven Netzwerkexternalitäten[5] der Two-Sided-Markets, die unterschiedlich stark ausgeprägt sein können. Beeinflusst wird die Ausprägung eines Netzwerkeffekts bspw. durch die Wechselkosten[6] oder die Möglichkeit des Multi-Homing[7] für die Marktseite der Händler und der Karteninhaber.[8] Während die Kosten für den Wechsel eines Anbieters, z. B. Karteninhaber oder Händler wechseln das Karten-Scheme, Kosten für die Volkswirtschaft darstellen und somit als Konsequenz die Minderung der Wohlfahrt als Resultat haben, kann durch das Multi-Homing

[4] Vgl. Bolt und Schmiedel (2009, S. 7); Rochet und Tirole (2006, S. 2); Armstrong (2006, S. 669).

[5] Vgl. Huch (2013, S. 7 ff.).

[6] Wechselkosten (Switching Costs) sind Kosten die beim Übergang von einer Recheneinheit zu einer anderen anfallen und vor allem psychologische Kosten (Umgang mit Preisen in anderen Recheneinheiten – siehe Euro-Einführung) sowie Kosten der Umstellung von Buchhaltungs- und Preisauszeichnungssystemen darstellen. Wechselkosten fallen i. d. R. nur einmal an.

[7] Das Multi-Homing auf zweiseitigen Märkten beschreibt die Fähigkeit der Marktteilnehmer einer Marktseite, mehrere miteinander konkurrierende Angebote wahrnehmen zu können.

[8] Im Kartengeschäft ist das Multi-Homing auf beiden Marktseiten (Händler, Karteninhaber) vorzufinden. Kennzeichnend dafür ist, dass Händler bspw. den Zugang zu mehreren Schemes anbieten und Karteninhaber über mehrere Zahlungskarten unterschiedlicher Schemes verfügen.

das Preisniveau im Kartengeschäft positiv beeinflusst werden, sodass sich die Struktur des Markts ändert. Dabei fördert das Multi-Homing die Anzahl der Marktteilnehmer, in diesem Beispiel der Karten-Schemes, sowohl auf der Marktseite der Händler als auch auf der Marktseite der Karteninhaber, da beide Seiten mehrere Schemes für Zahlungen einsetzen bzw. akzeptieren wollen. Langfristig kann jedoch das Multi-Homing zur Folge haben, dass beispielsweise durch die Rückkopplung von Skaleneffekten[9] und positive Netzwerkeffekte[10] eine Strukturänderung zu Gunsten von Quasi-Monopolen[11] eintritt. Bedingt durch steigende Kostenvorteile eröffnet sich vor allem der Spielraum für Preissenkungen durch marktdominierende Anbieter, was im Extremfall in Form eines Spiraleffekts zur Dominanz einer Zahlungsmethode führt und die Marktstruktur vom Oligopol zum Monopol verändert.[12]

Deutlich wird, dass der Charakter der Two-Sided-Markets die Struktur des Kartengeschäfts prägt. Prozesse, strategische Verhaltensmuster, Preise sowie die Abwicklung einzelner Kartentransaktionen stehen in Abhängigkeit zu diesem Grundmodell. Dementsprechend findet sich die Ausprägung der Two-Sided-Markets sowohl in der Wertschöpfungskette, der Architektur als auch in den Kosten (Interchange Fee) von Kartentransaktionen wieder.

2.1 Die Wertschöpfungskette des Kartengeschäfts

Derzeit gibt es keine wissenschaftlich fundierte Literatur zur Darstellung und Beschreibung der Wertschöpfungskette im Gegensatz zum allgemeinen Zahlungsverkehr, z. B. durch die Ausführungen der Autoren (Riedl 2002), (Rambure 2008) oder (Kokkola 2010). Aus diesem Grund basieren die folgenden Darstellungen

[9] Skaleneffekte entstehen im Kartengeschäft, wenn bspw. ein Scheme die Fixkosten durch eine zunehmende Anzahl von Nutzern (Karteninhabern und Händler) senken kann. Vgl. Huch (2013).

[10] Der Nutzen von Netzwerkdienstleistungen im Kartengeschäft nimmt mit der Anzahl der Marktteilnehmer (z. B. Schemes) sowohl auf der Händler- als auch der Karteninhaberseite zu, sodass positive Netzwerkeffekte entstehen. Je mehr Marktteilnehmer bspw. über die Infrastruktur eines Schemes erreichbar sind, desto höher ist der Gesamtnutzen, was kontinuierlich weitere Nutzer anzieht. Vgl. Huch (2013).

[11] Quasi-Monopole sind eine Marktstruktur, wenn zwar mehrere Anbieter am Markt existieren, jedoch diese aufgrund eines sehr starken natürlichen Wettbewerbsvorteils von einem Anbieter dominiert werden. Vgl. Goldschmidt (2008, S. 548).

[12] Vgl. Evans (2004, S. 55 f.).

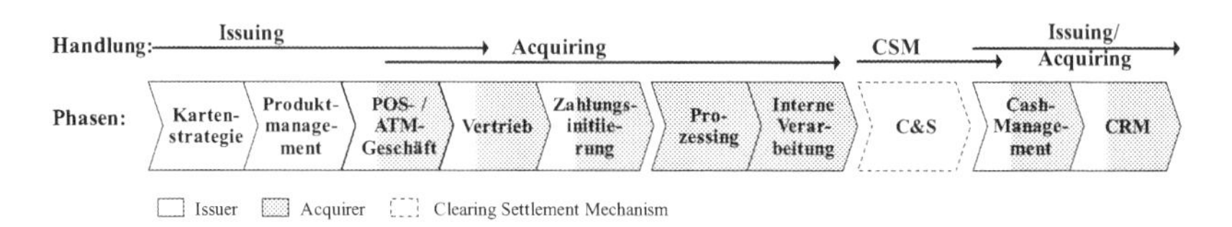

Abb. 2.1 Die Wertschöpfungskette im Kartengeschäft. (Quelle: Eigene Darstellung in Anlehnung an Alt und Huch 2021)

und Beschreibungen von Handlungsbereichen, Phasen und Abwicklungsprozessen vor allem auf Expertenmeinungen.

Der Aufbau der Wertschöpfungskette im Kartengeschäft ähnelt im Wesentlichen der Struktur der allgemeinen Non-Cash-Wertschöpfungskette des Zahlungsverkehrs. So werden Kartenzahlungen identisch bspw. zu Lastschriften und Überweisungen eingereicht, autorisiert, verarbeitet und gebucht. An diesem Ablauf angelehnt, wird in Abb. 2.1 die Darstellung der Wertschöpfungskette des Kartengeschäfts mit einer Klassifizierung in drei verschiedene Handlungsbereiche unter Berücksichtigung der Dominanz der im Kartengeschäft üblichen Marktprozesse Issuing, Acquiring sowie CSM veranschaulicht.[13]

Zur eindeutigen Abgrenzung der drei Handlungsbereiche dienen die in Abb. 2.1 zusätzlich dargestellten Phasen je Handlungsbereich. Die Wertschöpfungskette des Kartengeschäfts kann dabei im Grad der Detaillierung der einzelnen Phasen variieren. So können beispielsweise die Phasen des Clearing und des Settlement als eine Phase, kurz bezeichnet als C&S, zusammengefasst oder differenziert betrachtet werden. Ein Grund für die Zusammenführung ist u. a., dass dem Clearing und Settlement im Kartengeschäft eine geringere Bedeutung in der Wertschöpfung beigemessen wird als vergleichsweise im allgemeinen Zahlungsverkehr.[14]

Die einzelnen Schnittstellen zwischen den drei Handlungsbereichen der Wertschöpfungskette des Kartengeschäfts, den Leistungen durch die Issuer, den Leistungen durch die Acquirer sowie den Leistungen im Rahmen des CSM, sind als ein fließender Übergang ohne eine zwingende direkte Zuordnung zu einem Handlungsbereich zu betrachten. Dies bedeutet, dass durchaus Leistungen aus

[13] Es gilt zu beachten, dass im Kartengeschäft unterschiedliche Sichtweisen zur Darstellung der Wertschöpfungskette, z. B. mit einer unterschiedlichen Anzahl von Phasen oder mit differenzierten Funktionsweisen, bestehen. Vgl. Alt und Huch (2021).

[14] Der Fokus des Kartengeschäfts liegt in der vorherrschenden Literatur auf dem Issuing, Acquiring sowie auf den damit primär verbundenen Prozessen. Vgl. Huch (2013, S. 8 ff.).

dem Acquiring durch Issuer oder Dienstleister aus dem CSM am Markt angeboten werden können und vice versa. Weiterhin gibt es wie im Zahlungsverkehr auch entlang der Wertschöpfungskette des Kartengeschäfts Eigenarten, die die Wertschöpfungskette des Kartengeschäfts in besonderem Maße charakterisieren. So agiert beispielsweise im Vergleich zu anderen Zahlungsinstrumenten bei den Zahlungskarten kein Anbieter entlang der gesamten Wertschöpfungskette, auch nicht in Form von Kooperationen. Typisch für das Kartengeschäft ist eher eine Vielzahl von spezialisierten Nischenanbietern[15], die sich entlang der Wertschöpfungskette positioniert haben und in bilateralen Geschäftsbeziehungen zueinander stehen. Diese Nischenanbieter (Stakeholder) sind hauptsächlich Issuer, Acquirer, Händlerbanken, NSP, Gateways[16] und Prozessoren.

Die drei Phasen des Kartengeschäfts lassen sich wie folgt voneinander abgrenzen:

Handlungsbereich 1 – Issuing Die Festlegung der Kartenstrategie und das Produktmanagement für Karten sind die Phasen, die traditionell dem Handlungsbereich des Issuing zugeordnet werden.[17] Das POS-/ATM-Geschäft, der Vertrieb von Zahlungskarten und Terminals, die Zahlungsinitiierung, das Cash-Management und das CRM zählen wiederum zur Schnittmenge mit dem Acquiring. Die Phase der Kartenstrategie ist ausschlaggebend für das Produktmanagement und dient der Festlegung des strategischen Marktauftrittes. Der Vertrieb von Zahlungskarten ist bisher noch immer ein klassisches Bankgeschäft und wird mit Ausnahme von Handelskarten[18] ausschließlich von Banken oder in Kooperation mit Banken durchgeführt. Gleiches gilt für das ATM-Geschäft. Das POS-Geschäft[19] mit der strategischen Ausrichtung

[15] Ein Nischenanbieter (oder auch niche vendor) ist ein Dienstleister, der sich hinsichtlich der Zusammensetzung seines Produktportfolios speziell an den Bedürfnissen einer Marktnische orientiert.

[16] Die Gateways/Kopfstellen sind eine Eigenart des deutschen Kartengeschäfts und fungieren als technische Schnittstelle zwischen den drei Banksäulen (Privat-, Genossenschaftsbanken, öffentlich-rechtliche Institute). Vgl. Alt und Huch (2021).

[17] Zu den Dienstleistungen zählt auch die Gewährleistung der Akzeptanz auf nationaler und europäischer Ebene, was im Rahmen von Co-Badging-Verträgen geregelt wird.

[18] Handelskarten sind Zahlungskarten, die ohne ein Co-Badging nur eingeschränkt als Zahlungsmittel zugelassen sind, z. B. im Verbund einer Handelskette, jedoch nicht darüber hinaus (z. B. IKEA Family Card).

[19] Unter dem klassischen POS-Geschäft wird der Vertrieb der Hardware und Akzeptanz- und Serviceverträge (kaufmännische Dienstleistung und der Netzbetrieb) sowie die Betreuung der Kunden subsumiert.

sowie dem Vertrieb der Terminals hingegen bildet eine Schnittstelle zwischen den Issuern und Acquirern.[20]

Handlungsbereich 2 – Acquiring Eine ausschließlich dem Acquiring zugeordnete Leistung, da diese bisher nur vom Acquirer initiiert wird, ist die Autorisierung einer Kartenzahlung in der Phase des Prozessing.[21] Weiterhin zählt traditionell auch die interne Verarbeitung, z. B. durch die Schnittstellenfunktion des Acquirers zum Scheme, zum Handlungsbereich des Acquiring. Es gilt jedoch in der Phase der internen Verarbeitung zu beachten, dass es durch die unterschiedlichen Dienstleistungsangebote und Funktionen der nationalen und internationalen Schemes zu Abweichungen in der Wahrnehmung der Inhalte in dieser Phase kommen kann.[22] Identisch zum Issuer agiert auch der Acquirer im POS-Geschäft, Cash-Management und CRM. So umfasst die Phase des POS-/ATM-Geschäfts auch die strategische Ausrichtung des Geschäftsfelds und das dazugehörige Produktmanagement.

Handlungsbereich 3 – CSM Das CSM mit der Phase des C&S lässt sich grundsätzlich in das Interbanken Processing oder Clearing und das Interbanken Settlement unterteilen.

Interbanken Processing oder Clearing: In dieser Phase wird die Zahlung erfasst, abgestimmt, sortiert und übermittelt. In einigen Fällen erfolgt im Anschluss eine Bestätigung der Zahlungsdurchführung. Befindet sich das Empfängerkonto innerhalb der Bankengruppe, so kann die Gutschrift bspw. mittels Netting erfolgen, in allen anderen Fällen erfolgt die Zahlung an die Empfängerbank über das Interbanken

[20] Dienstleistungen des POS-Geschäfts werden sowohl von Banken als auch von Acquirern in Konkurrenz angeboten. Händlern (Kunden) ist es somit möglich, diese ausschließlich von einem Issuer, von einem Acquirer oder aber als Split zwischen Hardware und Akzeptanz- und Serviceverträgen zu beziehen.

[21] Der Prozess der Autorisierung ist ein komplexer Vorgang im Kartengeschäft. Abhängig davon, ob es sich um die Zahlung, basierend auf einem nationalen (Debit) oder einem internationalen Scheme (Charge- oder Kreditkarte), handelt, sind unterschiedliche Parteien und Abläufe in den Prozess involviert. Ähnlich komplex gestaltet sich das Prozessing einer Kartenzahlung. Das Prozessing kann sowohl ein dem Acquiring zugeordneter als auch ein eigenständiger Prozess sein. Abhängig ist die Zuordnung davon, in welchem Scheme die Zahlung abgewickelt wird und welchem Kooperationsmodell die Transaktion unterliegt. Vgl. Alt und Huch (2021).

[22] Je nach Art der Kartenzahlung ist die Wahrnehmung in der Literatur unterschiedlich. Während das Prozessing einer Kartenzahlung bei Transaktionen über nationale Schemes dem Acquiring zugeordnet wird, ist es bei der Zahlung über ein internationales Scheme ein eigenständiger Bereich.

Clearing bilateral oder multilateral mithilfe von Korrespondenzbanken. Interbanken Settlement: Beim Settlement wird die Zahlung final von der Senderbank zur Empfängerbank unwiderruflich und vorbehaltlos transferiert.

2.1.1 Die Marktteilnehmer entlang der Wertschöpfungskette

Zu den wichtigsten Marktteilnehmern im Kartengeschäft zählen der Karteninhaber, der Issuer, der Händler, der Acquirer, der Network Service Provider, der Prozessor sowie das Scheme.

(1) Karteninhaber Der Karteninhaber ist eine natürliche oder juristische Person, die beim Zahlungskarten-Issuer, z. B. einer Bank, ein gültiges Zahlungskartenkonto unterhält, um Kartentransaktionen am POS oder ATM abwickeln zu können.[23]

(2) Händler Händler ist jede Verkaufsstelle, die die Anforderungen bspw. vom Scheme oder den Regulatoren an Kartenzahlungen erfüllt.[24] Der Händler repräsentiert die Akzeptanzseite des Kartengeschäfts am POS sowohl stationär als auch im E-Commerce per Telefonorder oder im Versandhandel.[25]

(3) Issuer Der Issuer ist ein Finanzinstitut, das dem Karteninhaber die Zahlungskarte zur Nutzung überlässt und eine vertragliche Rechtsbeziehung zu ihm unterhält. Der Issuer nutzt eine Issuing-Lizenz des jeweiligen Zahlungs-Schemes, die den Zugang zum Zahlungs- und Akzeptanznetzwerk gewährleistet. Darüber hinaus trägt der Issuer die Verantwortung für das Marketing und die Vermarktung der Zahlungskarte sowie die Bereitstellung und Abwicklung von Kartentransaktionen am ATM.[26]

[23] Vgl. Kubis-Labiak (2004, S. 20); http://www.ecb.europa.eu/home/glossary/html/index.en.html.

[24] In Deutschland werden bspw. die Anforderungen für die Akzeptanz von Kartenzahlungen am POS oder ATM durch den ZKA festgelegt und mittels Acquirer und NSP überprüft sowie umgesetzt.

[25] Vgl. Kubis-Labiak (2004, S. 21).

[26] Vgl. http://www.ecb.europa.eu/home/glossary/html/index.en.html.

(4) Acquirer/Network Service Provider[27] Der Acquirer und der Network Service Provider (NSP) stellen eine Besonderheit des Kartengeschäfts dar und agieren sowohl als technischer als auch als wirtschaftlicher Dienstleister am Point of Sale, wobei sie in ein Vertragsverhältnis zwischen Händler und Bank treten.[28] Mithilfe von Kooperationsvereinbarungen[29] mit den Schemes (z. B. VISA) gewährleisten Acquirer und NSP die Akzeptanz und Abwicklung von Transaktionen im Namen des Händlers, indem Acquirer bzw. NSP wirtschaftliche und technische Daten an die beteiligten Banken/Finanzinstitute und das Scheme weiterleiten. Der Acquirer und der NSP ermöglichen somit dem Händler, Kartenzahlungen zu akzeptieren.[30] Weiterhin sind Acquirer bzw. NSP in alle kartenbezogenen Transaktionen des jeweils von ihm verantworteten Schemes involviert und stellen zudem die notwendige Hard- und Software am POS für den Händler zur Verfügung.[31]

(5) Prozessor Unter Prozessoren werden im Kartengeschäft Dienstleister subsumiert, die das Settlement einer Kartentransaktion übernehmen. Dabei können die Prozessoren sowohl Dienstleister bspw. des Issuers als auch des Acquirers sein und das jeweilige Geschäftsfeld der entsprechenden Marktseite betreuen. Weitere Funktionen, die von den Prozessoren im Kartengeschäft angeboten werden, sind die Steuerung des Informationsaustauschs (Clearing) sowie die Gutschrift von Zahlungen auf den jeweiligen Verrechnungskonten.[32]

(6) Schemes Ein Zahlungsscheme (Kurzform Scheme) stellt im Kartengeschäft eine eigenständige Gesellschaftsform und somit einen separaten Marktteilnehmer dar. Das Scheme ist die Bündelung gemeinsam festgelegter Regeln, Vorschriften

---

[27] Oftmals wird in der Literatur im Zusammenhang mit den Acquirer auch die Händlerbank genannt. Diese fungiert als die bankseitige Abwicklungsanstalt des Konto- und Zahlungsverkehrs für den Händler. Es besteht die Möglichkeit, dass Acquirer und Händlerbank in einer Körperschaft vereint sind. Da die Händlerbank im Regelfall jedoch keinen direkten Einfluss auf das Kartengeschäft hat und sich primär auf das Retail-Banking-Geschäft mit dem Händler fokussiert, wird die Händlerbank nicht näher betrachtet.

[28] Vgl. Bundeskartellamt (2006, S. 20).

[29] Für den technischen und kaufmännischen Vertrieb sowie die Abwicklung von Kartentransaktionen bei Händlern benötigen Acquirer und NSP eine Lizenz des jeweiligen Schemes.

[30] Ein NSP kann aufgrund des Mangels einer Teilbanklizenz nur Debit-Kartentransaktionen mit sofortiger Wertstellung abwickeln, da dieser kein Zahlungsziel, wie bei Kreditkartentransaktionen notwendig, gewähren kann. Deshalb sind NSP auf die Abwicklung nationaler Transaktionen spezialisiert, wohingegen sich die Acquirer auf die Abwicklung nationaler als auch internationaler Karten-Schemes konzentrieren.

[31] Vgl. http://www.ecb.europa.eu/home/glossary/html/index.en.html.

[32] Vgl. Bundeskartellamt (2006, S. 17); Kubis-Labiak (2004, S. 21).

und Normen für die Bereitstellung und Durchführung operativer Zahlungsprozesse mit Hilfe eines oder mehrerer Zahlungsmittel. Ein Scheme kann dabei lediglich einzelne Funktionen in der Abwicklung von Zahlungen übernehmen. Die Schemes lassen sich im Kartengeschäft vor allem in nationale und internationale Schemes unterscheiden.[33] Zu den internationalen Schemes zählen u. a. Visa, MasterCard und Amex. Unter nationalen Schemes werden wiederum die einzelnen länderspezifischen Abwicklungssysteme, z. B. Girocard, Groupement des Cartes Bancaires, Euro6000 etc., subsumiert.[34]

Die Abb. 2.2 veranschaulicht die Marktteilnehmer entlang der Wertschöpfungskette in Abhängigkeit ihres Einflussbereiches. Zudem wird aufgezeigt, in welcher Phase die Marktteilnehmer eine Rolle spielen und somit einen Einfluss auf die Prozesse ausüben.

Eine strikte Trennung der Aufgaben bzw. angebotenen Dienstleitungen zwischen den einzelnen Marktteilnehmern entlang der Wertschöpfungskette des Kartengeschäfts liegt nicht vor. Das Angebot von Dienstleistungen entlang der Wertschöpfungskette erfolgt mit Überschneidungen, sodass durchaus unterschiedliche Marktteilnehmer identische Dienstleistungen anbieten können.[35] Beispielhaft können hierfür die wirtschaftlichen und technischen Dienstleistungen für den

---

[33] Das europäische Kartengeschäft wird neben einer Vielzahl nationaler Schemes von den drei großen internationalen Karten-Schemes VISA, Unionpay, MasterCard und American Express (Amex) dominiert. Im Jahr 2019 gab es weltweit ca. 440,99 Mrd. Karten-Transaktionen, so der Nilson Report. Das waren 19,4 % mehr als 2018. Im Detail: Visa: 185,5 Mrd. Transaktionen (42 % aller Transaktionen – 2018: 45 %), UnionPay: 131,2 Mrd. Transaktionen (größter Anstieg zu 2018: 31,6 %), Mastercard: 108,4 Mrd. Transaktionen (immer noch ein Viertel), American Express: 8,8 Mrd. Transaktionen, JCB: 4,2 Mrd. Transaktionen, Diners/Discover: 3,0 Mrd. Transaktionen. Debit- und Prepaid-Karten machten 2019 sogar 55 % aller Kartentransaktionen weltweit aus. 2018 waren es noch 5 %. Zusammen decken VISA und MasterCard damit ca. 60 % des Transaktionsvolumens weltweit ab. Die innerhalb der SEPA existierenden nationalen Karten-Schemes weisen in dem jeweiligen Heimatmarkt meist eine hohe Marktdominanz von bis zu 90 % im Bereich der Debit-Karten auf. Ähnlich wie bei den internationalen Karten-Schemes ist es auch bei den nationalen Schemes nicht ungewöhnlich, dass es in einigen Ländern mehr als nur ein nationales Scheme gibt, z. B. in Spanien mit ServiRed, Systeme 4B und Euro 6000. Zu den bedeutendsten nationalen Schemes in Europa zählen u. a. noch immer Cartes Bancaires (ca. 10 Mrd. Transaktionen), Girocard (5,5 Mrd. Transaktionen), Bankcomat (ca. 2,5 Mrd. Transaktionen), EUFISERV (EUFISERV ist ein Gemeinschaftsunternehmen der europäischen Sparkassen, was vor allem im grenzüberschreitenden ATM-Bereich Einsatz findet) und ServiRed (ca. 3 Mrd. Transaktionen), gemessen an deren nationaler Marktdominanz in Anzahl ausgegebenen Karten.

[34] Vgl. Bundeskartellamt 2006, S. 17 f.; Kubis-Labiak (2004, S. 21); http://www.ecb.europa.eu/home/glossary/html/index.en.html.

[35] Siehe Abschn. 2.1.3.

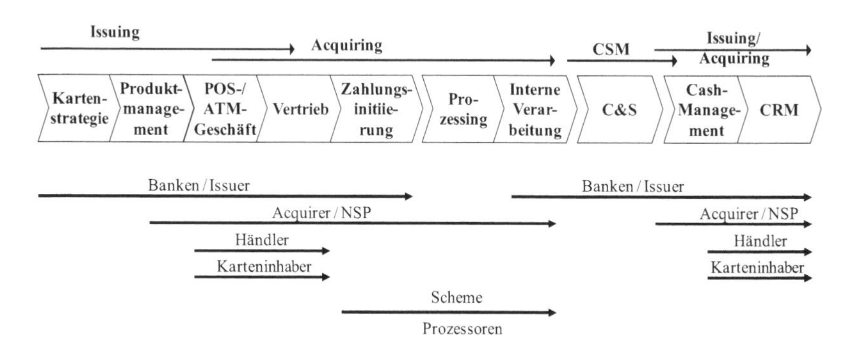

Abb. 2.2 Einflussbereiche der Marktteilnehmer entlang der Wertschöpfungskette. (Quelle: Eigene Darstellung in Anlehnung an Abb. 2.1)

Händler am POS angeführt werden, die sowohl vom Acquirer, dem NSP als auch dem Issuer angeboten werden.

2.1.2 Das Zahlungsinstrument „Karte"

Elektronische Kartenzahlungen nutzen kaum noch den Magnetstreifen[36], primär sind dies der EMV-Speicherchip[37], wobei die Transaktionsdaten der Zahlung über das Zahlungsterminal maschinell mithilfe der Zahlungskarte eingelesen und gespeichert werden sowie das mobile Zahlen, beispielsweise auf Basis der NFC-Technologie.[38] Dabei erfolgt eine Autorisierung am Konto des Karteninhabers

[36] Der Magnetstreifen befindet sich auf der Rückseite einer Zahlungskarte und beinhaltet die Zahlungsdaten des Karteninhabers, die elektronisch am POS durch den Durchzugleser ausgelesen werden. Zahlungen mit Magnetstreifen gehen nach der Einführung der Chip-Zahlungen immer weiter zurück. Daher werden bspw. neu ausgegebene Mastercard Kredit- und Debitkarten ab 2024 in den meisten Märkten ohne Magnetstreifen ausgegeben. Ab 2033 gibt es dann bspw. keine neuen Mastercard Kredit- und Debitkarten mehr mit Magnetstreifen. Vgl. MasterCard (2021).

[37] EMV is an acronym describing the set of specifications developed by the consortium EMVCo, which is promoting the global standardisation of electronic financial transactions, in particular the global interoperability of chip cards. EMV stands for Europay, MasterCard and Visa. Vgl. European Central Bank (2012).

[38] Aus der Vergangenheit sind weitere Verfahren, z. B. das „Ritsch-Ratsch" (auch Imprinter genannt) bekannt, wobei die gestanzten Kreditkartennummern mittels einer manuellen Technik auf einen beleghaften Lastschrifteneinzug übertragen worden sind. Diese älteren

nur durch die Eingabe der Geheimzahl, der PIN. In einigen Fällen wird die Zahlung noch mit der Unterschrift des Karteninhabers autorisiert oder bei Beträgen unter 25 € ohne Autorisierung gewährt/durchgeführt.[39]

Trotz der identischen Handhabung der Kartenzahlung am POS oder ATM sind mit unterschiedlichen Kartentypen nicht nur unterschiedliche Services für den Karteninhaber, sondern auch gänzlich unterschiedliche Abwicklungsprozesse bei den einzelnen Transaktionen verbunden. Auf Basis dieser Eigenschaften lassen sich die einzelnen Typen von Zahlungskarten erklären und differenzieren.

Zahlungskarten oder Karten mit Zahlungsfunktion sind generische Namen für die in der Praxis gängigen Typen der Debit-, Charge-, Kredit-, Prepaid- und Handelskarten,[40] also Zahlungskarten, mit denen am Point of Sale eine Zahlung ausgelöst werden kann. Dabei gibt es die Besonderheit, dass nicht alle Zahlungskarten am physischen und elektronischen (E-Commerce) Point of Sale eingesetzt werden können, so sind beispielsweise Debitkarten vom elektronischen Point of Sale ausgeschlossen.

Oftmals finden sich in der Literatur unterschiedliche Definitionen von Zahlungskarten, die als Untersuchungsgegenstand dienen. So beschreibt bspw. (Evans und Schmalensee 2005) Zahlungskarten als Plastikkarten mit Zahlungsfunktion, die (European Central Bank 2012) definiert Zahlungskarten als Instrument, mit dem der Inhaber Waren und Dienstleistungen kaufen bzw. Geld abheben kann. (Mai 2005) wiederum differenziert zwischen Debit- und Kreditkarten sowie kartenbasiertem E-Geld, (Rysman 2007) sowie (Bolt und Humphrey 2007) sprechen gar nur von jeweils einem der oben genannten Kartentypen als Untersuchungsgegenstand. Deutlich wird, dass in der Literatur eine Fülle von Interpretationsmöglichkeiten unter demselben Terminus zu finden ist.[41]

Kartenleser arbeiten offline und sind nicht an das Datennetz der Kreditkartenfirma angebunden. Es kann daher auch nicht kontrolliert werden, ob die Karte gedeckt oder gefälscht ist.

[39] Die Bestätigung der Zahlung mittels Unterschrift des Karteninhabers basiert auf zwei Verfahren. Erstens: Die Unterschrift dient der Autorisierung der Kartenzahlung wie bei Eingabe der PIN. Dieses Verfahren kommt oftmals noch bei Charge- und Kreditkarten zum Einsatz. Zweitens: Die Unterschrift autorisiert den Händler zu Belastung des Kontos des Karteninhabers mittels Abbuchungsverfahren, was allerdings keine Kartenzahlung ist, sondern das sogenannte ELV und eine Sonderform (Exot) in Deutschland darstellt.

[40] Prepaid-Karten und Handelskarten stellen eine besondere Form von Karten dar. Während Prepaid-Karten vorab aufgeladen werden müssen („pay-before-Verfahren"), sind Handelskarten auf einzelne Händler oder Händlergruppen beschränkt. Die Zahlungsfunktion kann dabei sowohl Debit, Charge als auch Kredit sein.

[41] Die Vielzahl der Unterscheidungen kann auf einzelne Länderspezifika zurückgeführt werden. So ist beispielsweise in Deutschland die Debit- und Charge-Karte weiter verbreitet als

In Anlehnung an (Bolt und Humphrey 2007) basieren die nachfolgenden Ausführungen auf der Differenzierung nach den Typen Debit-, sowie Charge- und Kreditkarten. Diese angeführte Unterscheidung wird u. a. auch in den regulatorischen Vorgaben der EU angewendet.

Die Charakteristika von Debit-, Charge- und Kreditkarten

Die Zahlungskarten lassen sich generell nach der Art der Zahlungsfunktion und nach dem Zeitpunkt der Wirksamkeit einer Zahlung beim Karteninhaber beschreiben.[42] Nachfolgend werden die einzelnen Kartentypen näher erläutert:

(1) Die Debit-Karte (debit card) bietet einen adäquaten Ersatz für Bargeld,[43] denn bei der Debit-Karte wird mit der Zahlung nach getätigtem Umsatz (z. B. die getätigten Käufe) sofort das Konto des Karteninhabers belastet („pay-now-Verfahren“).[44] Limitiert ist der Zahlungsbetrag dabei auf die Rahmenkonditionen des Verrechnungskontos.[45]

die Kreditkarte. Wiederum ist im UK die Kreditkarte der am häufigsten genutzte Kartentyp. Dies führt u. a. dazu, dass regionale Erhebungen oftmals den Fokus auf die jeweiligen Besonderheiten des Landes oder der Region legen.

[42] Die Akzeptanzseite und die damit vorherrschenden unterschiedlichen Kostenhöhen sowie Abwicklungsarten der Zahlungskarten können vernachlässigt werden, da die Gutschrift bei allen Kartentypen stets umgehend beim Händler erfolgt und somit der Kartentyp keine weiteren Auswirkungen für den Händler hat.

[43] Die EPC Definition für Cash Substitution ist: A pure “cash substitution” transaction should fulfill all of the four following criteria: (1) Transactions takes place face to face with cardholder present at the merchant location; amount known to cardholder and merchant; (2) The cardholder pays immediately: with his/her own available funds at the account (current account or prepaid account); (3) Authentication is full: Chip & PIN or Chip & Signature, as defined by the issuer; (4) Service or good purchased is delivered to the merchant on-site at the time of the transaction. Vgl. Capgemini (2021).

[44] Eine Besonderheit der Debit-Karten ist, dass diese oftmals von einem nationalen Scheme abgewickelt und überwiegend in Kooperation mit einem nationalen Issuer ausgegeben werden. Deshalb haben die Debit-Karten ursprünglich auch nur eine nationale Akzeptanz gehabt. Diese eingeschränkte Akzeptanz kann mithilfe eines sogenannten Co-Badgings mit einem internationalen Scheme erweitert werden. Beispiele solcher Debit-Karten sind die in Deutschland ausgegebenen Girocard-/Maestro-Karten oder die Visa-/CB-Karten in Frankreich. Vgl. Huch (2013, S. 285 ff.).

[45] Vgl. European Central Bank (2012).

(2) Bei der Charge-Karte[46] (delayed debit card) werden gegenüber der Debit-Karte die Umsätze über einem bestimmten Zeitraum gesammelt und dann als Summe dem Konto des Karteninhabers stets am Ende einer vereinbarten Periode (i. d. R. am Monatsende) voll angelastet.[47] Der Zeitraum zwischen Rechnungsstellung und finaler Belastung des Kontos kann dabei variieren und wird als Zahlungsziel bezeichnet.[48] Nach Ablauf der Zahlungsfrist muss der gesamte verfügte Betrag auf einmal beglichen werden. Charge-Karten sind überwiegend mit einem Betragslimit (i. d. R. auf Monatsbasis) versehen.[49]
(3) Die Kreditkarte (credit card) basiert auf dem Wesen des Kredits oder auf dem sog. revolving credit[50]. Hierbei werden die Umsätze der Karte, identisch mit der Charge-Karte, über einen vorher festgelegten Zeitraum gesammelt und je nach Vereinbarung dem Konto des Karteninhabers zu einem bestimmten Zeitpunkt (i. d. R. am Monatsende) angelastet. Der Unterschied zwischen der Charge- und der Kreditkarte besteht darin, dass der Karteninhaber nicht den vollen verfügten Betrag auf einmal begleichen muss, sondern einen Restbetrag verzinslich kreditiert und in Raten zu vereinbarten Zeitpunkten an den Kartenemittenten zurückzahlen („pay-later-Verfahren“) kann. Diese Methodik ist vor allem in den Ländern verbreitet, in denen Kreditkarten anstelle von Dispositionskrediten auf Girokonten als Form der Kreditgewährung für Konsumausgaben genutzt werden und in denen der Konsum auf Kredit als Basis der Volkswirtschaft fungiert.[51] Der Verfügungsrahmen von Kreditkarten ist ähnlich wie bei der Charge-Karte limitiert, was gewöhnlich in Abhängigkeit von

---

[46] Die Charge-Karte und die delayed debit card (in den Angaben der EZB wird die Charge-Karte als Delayed- Debit bezeichnet) werden umgangssprachlich oft auch als Kreditkarte bezeichnet, was eine falsche Betitelung ist. Eine übergeordnete Begrifflichkeit für Charge- und Kreditkarten stellt das Akkreditierungsinstitut dar. Hierzu zählen Issuer, die ihre Karteninhaber Händlern gegenüber durch ein entsprechendes Zahlungsversprechen kreditwürdig machen.

[47] Bei der Charakterisierung von Charge- und Kreditkarten wird oftmals von drei Funktionsbereichen gesprochen: (1) Garantie-, (2) Kreditfunktion und (3) Ausgleichkonzentration.

[48] Das Zahlungsziel kann bspw. zwischen einem Tag nach Rechnungsstellung, z. B. Lufthansa Air Plus Charge-Karte, und bis zu 22 Werktagen nach der Rechnungsstellung wie bei der Amex-Firmenkreditkarte variieren.

[49] Vgl. European Central Bank (2012).

[50] Der Revolving Credit oder auch rollierender Kredit oder flexibler Rahmenkredit ist ein Kredit mit variabler Verzinsung und Sondertilgungsoptionen. Dabei handelt es sich um ein Revolvingkonto, das ausschließlich im Soll geführt wird und dessen Kreditzinsen meist höher sind als bei einem gewöhnlichen Kredit. Die Tilgung erfolgt in festgelegten Raten.

[51] Bspw. wird der Anteil des privaten US-Konsums am BIP auf ca. 70 % geschätzt. Vgl. Huch (2013).

der Kreditwürdigkeit des Karteninhabers (Kreditvolumen) und den festgelegten Rückzahlungsraten steht.[52]

Ergänzend lässt sich hinzufügen, dass in der Literatur keine Übereinstimmung über die weltweite Verwendung des Terminus der Zahlungskarten vorliegt, was irritierend ist. Deutlich wird dieser Mangel an Einheitlichkeit vor allem bei der Definition der Kreditkarte. Während bspw. in der US-Fachliteratur die klassischen „revolver“ als Kreditkarten bezeichnet werden, werden in der deutschen Fachliteratur von einigen Autoren wie (Artzt 2011) noch immer die Eigenschaften der Charge-Karten als Basis für die Definition von Kreditkarten verwendet.[53]

Verrechnungs- und Transaktionsströme von Zahlungskarten

Ein weiteres Charakteristikum der einzelnen Kartentypen neben der Unterscheidung der zeitlichen Belastung mit dem Verrechnungsbetrag liegt in den unterschiedlichen Verrechnungs- und Transaktionsströmen. Um den Umfang der Betrachtung einzugrenzen, werden unter Berücksichtigung der aktuellen regulatorischen Vorgaben und Marktinitiativen anschließend nur die Verrechnungs- und Transaktionsströme entlang der Wertschöpfungskette des Kartengeschäfts dargestellt. Die bedeutendsten sind die Autorisierung, der Transaktions- und Informationsfluss, der Gebührenfluss, der Cash-Flow[54] sowie der CSM[55,56]

(A) Die Verrechnungs- und Transaktionsströme am Beispiel der Debit-Karten

Die Illustration der beteiligten Marktteilnehmer im Modell der Debit-Karten zeigt in Abb. 2.3 das Grundschema für die Verrechnungs- und Transaktionsströme für Debit-Kartenzahlungen. Mittels der Abb. 2.3 werden die jeweiligen Ströme der Autorisierung, Transaktion und Information, der Gebühren und des CSM

---

[52] Vgl. European Central Bank (2012). Eine weitere Besonderheit bei Charge- und Kreditkarten ist die Kartennummer, die eine zwölf- bis sechzehnstellige eindeutige Identifikationsnummer ist und die Karte identifiziert.

[53] Vgl. Artzt (2011, S. 589).

[54] Der Cash-Flow beschreibt den effektiven Geldstrom, d. h. welches Konto belastet worden und auf welchem Konto eine Gutschrift erfolgt ist. Bei einer Debit-Karten-Transaktion sind lediglich zwei Parteien in den Gebührenfluss involviert, der Issuer und die Händlerbank. Der Gebührenfluss verläuft entgegengesetzt zum Warenstrom. Eine Belastung des Verrechnungskontos des Karteninhabers beim Issuer und eine Gutschrift auf dem Händlerkonto bei der Händlerbank.

[55] Vgl. Kokkola (2010, S. 200).

[56] Vgl. Huch (2013, S. 164 ff.).

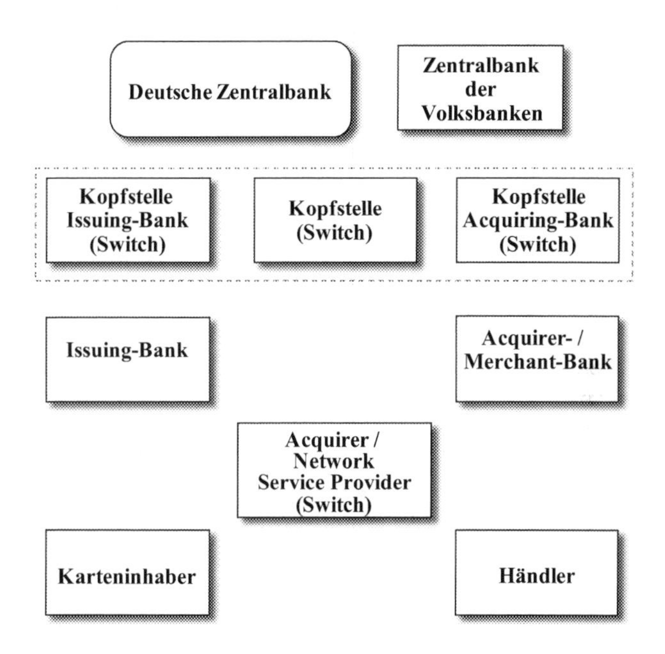

Abb. 2.3 Grundschema der Verrechnungs- und Transaktionsströme von deutschen Debit-Karten. (Quelle: Eigene Darstellung in Anlehnung an Klein 1993, S. 92; Huch 2013)

näher beschrieben. Der Schwerpunkt der Betrachtung liegt auf den Strömen für autorisierte Kartenzahlungen[57] mit der Unterscheidung zwischen On-Us- und Off-Us-Transaktionen.[58]

[57] Neben den Onlineautorisierungen am Konto gibt es die Autorisierung durch die Issuer-Kopfstelle für den Fall, dass der Issuer nicht auf elektronischem Wege erreichbar ist. Weiterhin existiert die Autorisierung durch den NSP bzw. die Zustimmung der Transaktion ohne Autorisierung mittels ELV durch den Händler selbst.

[58] On-Us-Transaktionen stehen im Gegensatz zu den Off-Us-Transaktionen für eine interne Abwicklung (bankintern oder innerhalb einer Bankengruppe) von Prozessen. Bei On-Us-Transaktionen sind keine externen Vertragsparteien für die Abwicklung einer Kartentransaktion in den Prozess involviert. Die On-US-Autorisierung setzt allerdings voraus, dass sowohl der Karteninhaber als auch der Händler bei derselben Bank oder Bankengruppe Kontoinhaber sind. Vgl. Kokkola (2010, S. 200); Huch (2013, S. 286 ff.).

(A1) Die Autorisierung (PIN basiert)

In die Off-Us POS-Autorisierung von Debit-Kartentransaktionen sind folgende Parteien involviert: der Händler, der Karteninhaber, der NSP,[59] die Kopfstelle und der Issuer. Initiiert wird die Autorisierung durch den Händler. Der Händler fordert den Karteninhaber auf, seine Zahlung mittels Karte durch Eingabe seiner PIN zu autorisieren. Nach Eingabe der PIN, der Prozess benötigt nur wenige Sekunden, wird die Zahlung zum Debit-Kartenabwicklungspartner für das POS-Terminal des Händlers geleitet, dem NSP.[60] Der NSP identifiziert den Issuing-Vertragspartner des Karteninhabers und lokalisiert die Issuer-Kopfstelle.[61] Nach erfolgreicher Identifikation leitet der NSP die Autorisierungsanfrage an die Händler-Kopfstelle weiter, die wiederum auch als Switch[62] fungiert und die Anfrage an die Issuer-Kopfstelle übermittelt. Die Issuer-Kopfstelle kontaktiert den Issuer, der die Händleranfrage am Verrechnungskonto des Karteninhabers auf Deckung prüft. Nach der Prüfung antwortet der Issuer auf demselben Weg, wie die Autorisierungsanfrage gesandt worden ist, entweder mit einem positiven oder einem negativen Deckungsbescheid, was am POS-Terminal des Händlers durch eine Bestätigung oder Ablehnung der Kaufanfrage signalisiert wird. Eine On-Us-Autorisierung am POS-Terminal unterscheidet sich kaum von einer Off-Us-Autorisierung. Lediglich die Kopfstelle des Händlers und des Issuers sind identisch, da beide Parteien beim selben Institut Kunde sind und somit der Switch zwischen Händler- und Issuer-Kopfstelle entfällt.[63]

Die Off-Us-Autorisierung einer Kartenzahlung am ATM lehnt sich an die POS-Off-Us-Autorisierung an. Der Karteninhaber bezieht in diesem Fall Bargeld mit seiner Zahlungskarte am ATM einer Drittbank. Involvierte Parteien sind der Karteninhaber, die Drittbank (symbolisiert durch die Händlerbank) sowie die Issuer-

[59] Bei den Debit-Karten wird vom NSP gesprochen, um die Unterscheidung zu den Prozessen der Charge- und Kreditkarten besser hervorzuheben. Die Dienstleistung des NSP könnte aber auch vom Acquirer erfolgen.

[60] Aufgrund der Vielzahl von Abwicklungen von Kartentransaktionsautorisierungen und die darin involvierten Marktteilnehmer stehen die NSP hier sinnbildlich für alle die Marktteilnehmer im Kartengeschäft, die Autorisierungen von Kartenzahlungen übernehmen.

[61] Die Händler-Kopfstelle ist dem NSP über die Vertragsbeziehung zum Händler bereits bekannt, weshalb nur noch die Issuer-Kopfstelle ermittelt werden muss, um die Zahlung abzuwickeln.

[62] The role of the switch is defined by switching process. More precisely, switching it is part of the routing of a transaction information to the appropriate receiver within the payment process. Switching is necessary when the acquiring bank has to identify the appropriate issuing bank and to identify the appropriate clearing and settlement mechanism. Switching also covers data conversion of formats e.g. Gateway converts the external format into a in-house format to process authorization and settlement. Vgl Alt und Huch (2021).

[63] Vgl. Huch (2013).

und ATM-Kopfstelle (symbolisiert durch die Händler-Kopfstelle). Barabhebungen am ATM sind grundsätzlich autorisierte Kartentransaktionen und erfordern stets die PIN-Eingabe.[64] Nach Eingabe der PIN identifiziert die Drittbank (z. B. mittels des internen Rechenzentrums) den Issuer der Karte und leitet die Zahlung über die Händler-Kopfstelle an die Issuer-Kopfstelle weiter. Der Issuer prüft die Deckung des Kontos des Karteninhabers und sendet seine Rückmeldung wieder über denselben Weg an die Drittbank zurück, die final der Barabhebung zustimmt oder diese verweigert. Die On-Us Autorisierung einer ATM-Transaktion ist dagegen deutlich schlanker. Involviert ist lediglich der Issuer selbst. Durch Eingabe der PIN wird der Prozess am ATM gestartet. Da sämtliche ATM einer Bank oder auch einer Bankengruppe (Cash-Group, Sparkassenverband, etc.) in einem Pool verwaltet werden und zusammengeschlossen sind, erfolgt kein zusätzliches Routing der Zahlung über externe Dienstleister. Die Zahlung wird direkt vom Issuer am Konto des Karteninhabers geprüft und entweder durchgeführt oder verweigert.[65]

(A2) Der Transaktions- bzw. Informationsfluss

Nachdem eine Zahlung autorisiert worden ist, müssen der Händler und der Issuer eine Information über die Abwicklung der Transaktion in ihren Systemen hinterlegen, sodass vermerkt ist, dass ein Zahlungsbetrag vom Konto des Karteninhabers verfügt worden ist.[66] Involviert sind in diesen Ablauf der Issuer, der Händler, der NSP und die Händlerbank. Der Händler hat verschiedene Möglichkeiten, die Information über die autorisierte Transaktion an seine Händlerbank zu kommunizieren, um die Verarbeitung einzuleiten. Beispielsweise kann der Händler die Information direkt mittels des POS-Terminals an den NSP senden, dieser bereitet die Daten auf und übermittelt sie automatisch an die Händlerbank. Der Händler kann die Zahlungsinformation aber auch zu einem mit der Händlerbank vorab festgelegten Zeitpunkt an einem Stichtag direkt übermitteln.[67] Unabhängig davon, wie der Händler den Vorgang handhabt, ist wichtig, dass der Issuer, der in diesem Fall die Zahlung

[64] Barabhebungen sind immer autorisierte Kartenzahlungen und erfordern immer die Eingabe der PIN durch den Karteninhaber, unabhängig davon, ob es sich um eine Off-Us- oder eine On-Us-Transaktion handelt.

[65] Vgl. Huch (2013).

[66] Die Notwendigkeit dieser Informationsspeicherung besteht in der zeitlichen Differenz zwischen der Autorisierungsanfrage und der Verrechnung der Zahlung.

[67] Es ist am Markt durchaus üblich, dass der Händler die Zahlungsinformation aus dem POS-Geschäft nur zu bestimmten Tageszeiten, z. B. täglich 18 Uhr, oder an bestimmten Werktagen, z. B. jeden zweiten Werktag, an die Händlerbank übermittelt, um die Verarbeitung der Zahlung (Belastung der Kreditorenkonten) einzuleiten.

autorisiert, gleichzeitig einen Vermerk im Kontoverwaltungssystem bis zur Belastung des Kontos hinterlegt und dass die Information über die Transaktion bei der Händlerbank vorliegt, um den Prozess des C&S zu starten. Im Rahmen von ATM-Transaktionen wird das Konto des Karteninhabers sofort belastet, und es bedarf keiner weiteren Speicherung von Informationen.[68]

(A3) Der Clearing und Settlement Mechanism

Im C&S[69] ist es unerheblich, ob es sich um eine ATM- oder POS-Transaktion handelt, es wird lediglich zwischen On-Us- und Off-Us-Transaktionen unterschieden. Initiator einer POS Transaktion ist stets die Händlerbank, da die Verrechnung nur mittels Lastschrift verrechnet wird. Bei On-Us-Transaktionen wird die Zahlung innerhalb der Bank selbst oder innerhalb der Gruppe verrechnet. Erfolgt die Verrechnung innerhalb der Gruppe, kann die Zahlung bilateral (Garagenclearing) oder über eine zentrale Schnittstelle, z. B. über die DZ Bank in der Gruppe der Volks- und Raiffeisenbanken, abgewickelt werden. Allerdings sind bilaterale Zahlungen in einer Bankengruppe[70] ungewöhnlich, die Zahlungen werden fast ausschließlich über eine zentrale Schnittstelle verrechnet. Bei Off-Us-Transaktionen hingegen erfolgt der Clearingprozess entweder über das Garagenclearing oder die Bundesbank.[71]

(A4) Der Gebührenfluss

Ähnlich komplex wie die gesamte Abwicklung des Kartengeschäfts ist auch der Gebührenfluss. Um diese Komplexität besser zu veranschaulichen, wird der Gebührenfluss in drei Bereiche unterteilt:[72]

(A41) Nationale POS-Abwicklung von Kartenzahlungen
(A42) Kartenzahlungen am ATM
(A43) Klassischer CSM

[68] Vgl. Huch (2013).

[69] Während das CSM den Handlungsbereich beschreibt und als übergeordnete Bezeichnung fungiert, charakterisiert die Bezeichnung des C&S den tatsächlichen Vorgang der Abwicklung einer Zahlung.

[70] Eine Bankengruppe beschreibt in Deutschland bspw. den Zusammenschluss der Sparkassen, WGZ Bank etc.

[71] Vgl. Alt und Huch (2021).

[72] Vgl. European Commission (2007, S. 85).

(A41) Nationale POS-Abwicklung von Kartenzahlungen: Die wohl bekannteste Gebühr im POS-Geschäft ist die Interchange Fee oder auch das Händlerentgelt.[73] Diese wird bei Debit-Kartenzahlungen vom Händler über den NSP an den Issuer entrichtet. Zusätzlich, siehe Formel, zum Händlerentgelt entrichtet der Händler i. d. R. eine Gebühr für die Bereitstellung der POS-Terminals an den entsprechenden Vertragspartner (nicht transaktionsbezogen). Die Gesamtkosten des Händlers belaufen sich somit wie folgt:

$$C_{Mer} = IF_{Iss} + CI_{NSPAcq}(X) + TF_{NSP} + S_{NSP/Acq}(X) + S_{MerB}(X)$$

Zudem[74] ist eine Gebühr für die Abwicklung des beleglosen Geschäfts pro Transaktion an den NSP fällig. Im Falle der Inanspruchnahme zusätzlicher Dienstleistungen von der Händlerbank,[75] die nicht im Rahmen des C&S vorgesehen sind, muss der Händler auch für solche Dienstleistungen noch ein Entgelt entrichten, z. B. für die Aufbereitung von Zahlungsdatensätzen oder für deren Speicherung.[76]

Als Vertragspartner bezieht der Issuer seine Einnahmen vom Karteninhaber für die Nutzung der Karten in Form einer separaten Kartengebühr oder als Teil der Kontoführungsgebühren. Anfallende Kosten hat der Issuer für das Routing der Zahlung durch die Issuer-Kopfstelle, die durch den Issuer direkt beglichen werden. Hinzu kommen die Kosten für die Bereitstellung und Vermarktung der Karte sowie für die interne Verrechnung der Kartenzahlungen. Der NSP, der kaufmännisch oder technisch aufgestellt sein kann,[77] trägt die Kosten für die Bereitstellung der Infrastruktur

---

[73] Es muss beachtet werden, dass bei Debit-Kartenzahlungen oftmals die Bezeichnung „Händlerentgelt“ als Synonym für die Interchange Fee genannt wird. Es ist jedoch wichtig zu verstehen, dass das Händlerentgelt und die Interchange Fee bei Debit-Kartenzahlungen dieselbe Gebühr sind und nicht wie bei den Charge- und Kreditkarten differenziert werden müssen, bei denen die Interchange Fee ein Bestandteil des Händlerentgelts ist. Das Händlerentgelt (auch Merchant Service Charge/Disagio) ist wiederum der Preis, den der Händler dem Acquirer je Transaktion für die Abwicklung der Kartenzahlung innerhalb des jeweiligen Schemes bezahlen muss. Vgl. European Commission (2007, S. 102 ff.).

[74] Legende: C = Cost, Mer = Merchant; MerB = Merchant Bank; CI = Cost of Infrastructure; TF = Transaction Fee; IF = Interchange Fee; Iss = Issuer; S = Services; CMer = Merchant Cost per Transaction, Acq = Acquirer, X = Quantity.

[75] Zusätzliche Dienstleistungen, die von den Händlern bei der Händlerbank in Anspruch genommen werden können, sind u. a. das Bündeln einzelner Lastschriften zu Sammellastschriften, Klärung von Rückläufern (Lastschriften, die beim Debitor abgelehnt worden sind bspw. mangels Kontodeckung etc.) oder Bereitstellen zusätzlicher Transaktionsinformationen bspw. in Form untertägiger Kontoauszüge.

[76] Vgl. Huch (2013).

[77] Ein technischer NSP stellt im Grunde nur die Infrastruktur und bietet keine Vertrags- oder Abwicklungsverträge gegenüber den Händlern an. Der kaufmännische NSP hingegen nutzt

sowie die Gebühren für die Zulassung zum kartenbezogenen Zahlungsverkehr, die an das entsprechende Scheme zu entrichten sind.[78]

(A42) Kartenzahlungen am ATM: Der Gebührenfluss am ATM richtet sich wesentlich danach, ob es eine On-Us- oder Off-Us-Transaktion ist. Im Falle einer On-Us-Transaktion fallen nur interne Kosten für den Issuer an. Im Gegensatz dazu muss der Issuer bei einer Off-Us-Transaktion Kosten der Issuer-Kopfstelle tragen sowie die Interchange Fee für ATM-Zahlungen an die Drittbank entrichten, gegebenenfalls zuzüglich einer bankindividuellen Verrechnungsgebühr. Für den Karteninhaber entstehen bei On-Us-Transaktionen keine Gebühren, lediglich bei Off-Us-Barverfügungen kann die Drittbank sogenannte Surcharging-Kosten zulasten des Karteninhabers erheben.[79]

(A43) Der klassische CSM: Im C&S gibt es auf Basis der unterschiedlichen Abwicklungsmethoden auch verschiedene Gebührenmodelle. Grundsätzlich gilt, dass im Kartengeschäft nur Kosten für das Clearing unter den Marktteilnehmern verrechnet werden. Die Kosten für das Settlement stehen in Abhängigkeit von der strategischen Ausrichtung des Geschäftsfelds des Verursachers, der Banken, die diese oftmals selbst tragen.[80] Für das bilaterale Garagenclearing, was für ca. 95 % aller Clearingverfahren steht, fallen allenfalls geringe Infrastrukturkosten an, die allerdings vernachlässigt werden können. Für das Clearing innerhalb einer Bankengruppe, z. B. bei den Sparkassen oder Volks- und Raiffeisenbanken, das mittels einer zentralen Schnittstelle abgewickelt wird, müssen die Händlerbanken Gebühren an die Zentrale entrichten. Für das Clearing über die Bundesbank müssen von den teilnehmenden Instituten Gebühren an die Bundesbank gezahlt werden. Ist eine Issuer- oder Händler-Kopfstelle am Prozess beteiligt, fallen auch dafür Kosten an. Neben den Bundesbankgebühren werden von den Händlerbanken die Verarbeitungsgebühren oftmals direkt in voller Höhe an die Händler weitergegeben. So müssen die Händler in Abhängigkeit von der Inanspruchnahme bspw. Gebühren für das C&S entrichten, die sich aus den Dienstleistungen vom

vertraglich die Infrastruktur und offeriert dem Händler zudem kaufmännische Dienstleistungen, z. B. die vertragliche Akzeptanz und Gewährleistung der Schemes für die Abwicklung von Transaktionen. Ein NSP kann sowohl technischer als auch kaufmännischer Dienstleister gegenüber dem Händler sein.

[78] Vgl. Huch (2013).

[79] Dies ist ein Aufpreis bzw. Aufschlag, den die Drittbank für die Bereitstellung von ATM von anderen Instituten verrechnen kann.

[80] Bei Überweisungen und Lastschriften gilt zum Teil der Verrechnungsschlüssel SHARE, OUR oder BEN. Bei einer strategischen Handlung der Bank besteht die Möglichkeit, dass die Bank die Gebühren in voller Höhe selbst trägt, um somit Kunden zu werben. Siehe Abschn. 2.3.

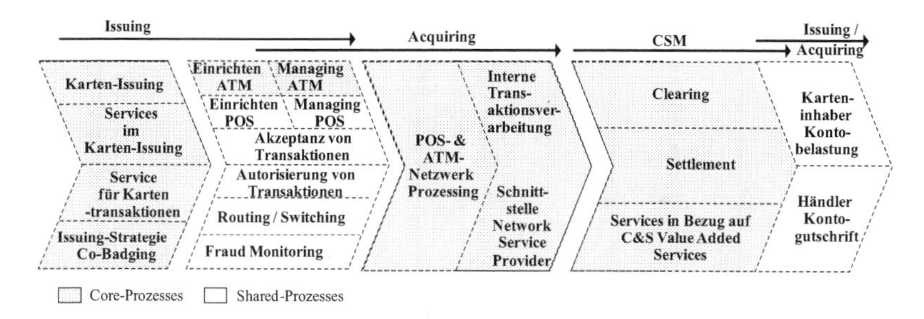

Abb. 2.4 Die Wertschöpfungskette im Kartengeschäft. (Quelle: Eigene Darstellung in Anlehnung an Huch 2013)

Eingang der Zahlungsinformationen bis zur Gutschrift auf dem Händlerkonto zusammensetzen.[81]

2.1.3 Die Abwicklungsprozesse entlang der Wertschöpfungskette

Der Abwicklungsprozess des Kartengeschäfts ist durch die drei Handlungsbereiche der Wertschöpfungskette Issuing, Acquiring und CSM gekennzeichnet. Jeder Bereich lässt sich durch eine Reihe unterschiedlicher Prozesse klassifizieren. Abb. 2.4 verdeutlicht die einzelnen Prozesse entlang der Handlungsbereiche in der Wertschöpfungskette des Kartengeschäfts.

Die Prozesse im Kartengeschäft lassen sich je Handlungsbereich bzw. je Phase in Core-Prozesse und Shared-Prozesse unterteilen. Die Core-Prozesse, d. h. Kernprozesse, beschreiben solche Prozesse, die ausschließlich von dem dominanten Marktteilnehmer in der jeweiligen Phase der Wertschöpfungskette angeboten und vollzogen werden. Zu den Core-Prozessen zählen u. a. das Karten-Issuing, das Co-Badging, das Network-Prozessing, das Clearing oder das Settlement.

Die Shared-Prozesse, d. h. gemeinsame Prozesse, sind Prozesse, die entweder von mehreren Marktteilnehmern gleichzeitig oder in Kooperation der Marktteilnehmer untereinander angeboten werden. Sie bilden die Schnittmenge zwischen den einzelnen Phasen der Handlungsbereiche in der Wertschöpfungskette des Kartengeschäfts. Zu den Shared-Prozessen zählen u. a. die Bereitstellung von Hard-

[81] Vgl. Huch (2013).

und Software am POS (Installieren POS) sowie das Managing POS, Routing und Switching[82], das Fraud-Management oder die Kontosaldierung.[83]

2.2 Die Architektur der Karten-Schemes

Wie im allgemeinen Zahlungsverkehr stellt auch im Kartengeschäft die Architektur der Karten-Schemes neben der Wertschöpfungskette einen wichtigen Eckpfeiler der Struktur des Geschäftsfelds dar. Unter Berücksichtigung der Forschungsarbeiten von u. a. (Abele et al. 2007), (Gans 2007) und (Maurer 2009) sind noch immer maßgeblich zwei verschiedene Formen von Architekturtypen am Markt präsent, die offenen 4-Parteien- oder auch 4-Corner-Schemes und die geschlossenen, proprietären 3-Parteien- oder auch 3-Corner-Schemes. Die Bezeichnung „offen" bedeutet im weiteren Sinn, dass jede Partei, ob Issuer, Händler, Karteninhaber, Netzbetreiber oder Acquirer, an dem Scheme partizipieren kann, solange die Voraussetzungen der Teilnahme erfüllt sind.[84] Im engeren Sinn steht „offen" dafür, dass zahlreiche Anbieter Zahlungsdienstleistungen an Karteninhaber und Händler anbieten. Im Gegensatz dazu besteht ein 3-Corner-Scheme aus festen Strukturen. Oftmals werden die Funktionen des Issuing, Acquiring, Netzbetriebs sowie der Händlerbank vom Scheme selbst übernommen, oder nur ausgewählte Marktteilnehmer erhalten dafür eine Lizenz. Im engeren Sinn steht das 3-Corner-Scheme somit für die Bereitstellung von Dienstleistungen für Karteninhaber und Händler von lediglich einer Institution. Abb. 2.5 verdeutlicht die unterschiedlichen Strukturen beider Modelle und hebt die Zusammenführung von Issuing, Acquiring und Prozessing als Funktionalitäten bei 3-Corner-Schemes hervor.[85]

[82] Vgl. Alt und Huch (2021).

[83] Vgl. Huch (2013).

[84] An einem Scheme partizipieren zu können bedeutet, dass die Marktteilnehmer, z. B. der Händler, das Scheme am POS akzeptieren können und den Karteninhabern diese Schemes seitens der Issuer angeboten werden.

[85] Ein weiteres Unterscheidungsmerkmal der Schemes, basierend auf der unterschiedlichen Modellstruktur, liegt in der Gebührenverrechnung zwischen Acquirer und Issuer. Das vom Händler an den Acquirer zu entrichtende Händlerentgelt, das Disagio, beinhaltet eine Gebühr für die Zahlungsgarantie des Issuers, das sogenannte Interbankenentgelt, die Interchange Fee. Während bei einer Trennung zwischen Issuer und Acquirer die Interchange Fee vom Acquirer für die Autorisierung und Durchführung der Kartentransaktion an den Issuer zu zahlen ist, entfällt diese Gebühr in einem 3-Corner-Scheme. Grund dafür ist, dass eine Zusammenlegung von Issuing- und Acquiring-Aktivitäten erfolgt und Händler und Karteninhaber von derselben Institution Dienstleistungen beziehen. Typisch für 3-Corner-Schemes ist

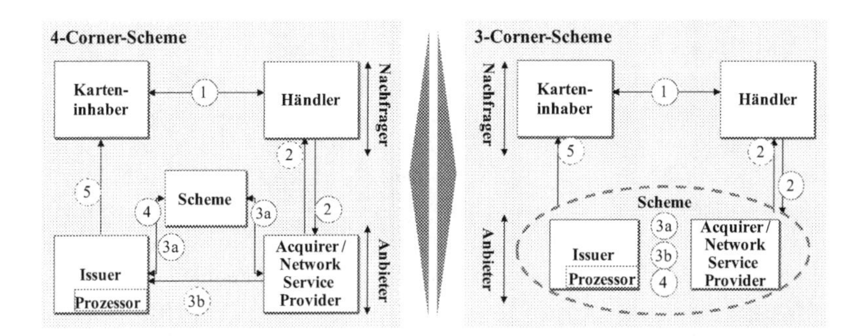

Abb. 2.5 4-Corner- versus 3-Corner-Karten-Schemes[86]. (Quelle: Eigene Darstellung)

Die grundlegenden Prozesse einer Kartentransaktionen innerhalb des 4-Corner- und des 3-Corner-Schemes ähneln denen des Zahlungsverkehrs und lehnen sich i. w. S. an die Phasen der Wertschöpfungskette des Kartengeschäfts an. Nachfolgend wird ohne speziellen Bezug auf die einzelnen Kartentypen der Ablaufprozess einer Kartenzahlung beschrieben.[87]

(1) Die Einreichung der Zahlung beginnt mit der Vorlage der Zahlungskarte am POS. Der Kaufvertrag, d. h. Einigung und Übergabe der Ware am POS zwischen Händler und Kunde, wird nicht wie beim allgemeinen Zahlungsverkehr sofort abgeschlossen, sondern erst zu dem Zeitpunkt, an dem der Händler eine positive Bestätigung der Autorisierung der Kartenzahlung erhalten hat (ausgenommen beim ELV).

in diesem Fall, dass Dienstleistungen für Händler und Karteninhaber unterschiedlich bepreist werden.

[86] In Anlehnung an die Wertschöpfungskette für Kartenzahlungen lassen sich die im 3-Corner- bzw. 4-Corner-Scheme beteiligten Parteien in einer klassischen Zweiteilung nach Nachfrage- und Angebotsseite separieren. Händler und Karteninhaber zählen diesbezüglich zur Nachfrageseite, während Acquirer und Issuer der Angebotsseite subsumiert werden. Diese Aufteilung ist insbesondere für die Generierung von neuen Geschäftsfeldern, z. B. E-Payment oder M-Payment, für das Verständnis und die Funktionsbeschreibung von zunehmender Bedeutung, wenn Rollen und Aufgaben der einzelnen Parteien definiert werden müssen.

[87] Im 3-Corner-Scheme fallen die Prozesse (3a), (3b) und (4) auch an, werden jedoch intern innerhalb des Schemes verrechnet. Eine detaillierte und nach den jeweiligen Kartentypen getrennte Beschreibung der einzelnen Prozesse einer Kartentransaktion (wie Autorisierung, Cash-Flow, etc.) erfolgt bei Huch (2013).

(2) Der Händler übermittelt entweder in Papierform oder elektronisch den Zahlungsbeleg an den Acquirer. Der Händler bekommt daraufhin je nach Typ der Zahlungskarte den Kaufbetrag voll oder abzüglich eines Disagios[88] auf seinem Kreditorenkonto gutgeschrieben.

(3a) Der Acquirer übermittelt die Anfrage an das zuständige Scheme[89]. Das Scheme wiederum prüft, welcher Issuer oder welcher Issuing-Prozessor für die Abwicklung der Kartenzahlung verantwortlich ist, und sendet die Zahlung an den zuständigen Issuer. Anschließend gleicht das Scheme den Forderungsbetrag beim Acquirer aus oder leitet den fälligen Forderungsbetrag direkt vom Issuer an den Acquirer weiter.

(3b) Der Acquirer übermittelt die Anfrage direkt zum Issuer oder Issuing-Prozessor. Der Issuer oder Issuing-Prozessor gleicht den Forderungsbetrag beim Acquirer in voller Höhe aus.

(4) Der Issuer oder der Issuing-Prozessor prüft u. a. die Genehmigungsanfrage[90] und belastet das Verrechnungskonto des Karteninhabers. Anschließend gleicht der Issuer oder der Issuing-Prozessor das spiegelbildliche Verrechnungskonto beim Scheme/Acquirer um den fälligen Forderungsbetrag aus.

(5) Je nach Kartentyp wird das Debitorenkonto des Karteninhabers in voller Höhe sofort, mit zeitlicher Verzögerung oder durch einen Abschlag von der Forderungshöhe belastet.[91]

In der Praxis wird die Architektur der 4-Corner-Schemes[92] in internationale und nationale Schemes unterteilt. Nationale 4-Corner-Schemes haben ihre Dienstleistungen primär auf die entsprechenden nationalen Märkte ausgerichtet und sind innerhalb des Euro-Raumes in jedem Land vertreten, z. B. Girocard in Deutschland oder GIE CB in Frankreich. Internationale 4-Corner-Schemes wie VISA

---

[88] Das Disagio ist das Händlerentgelt.

[89] In Abhängigkeit, ob es eine Debit- oder Charge- und Kreditkartenzahlung ist, können unterschiedliche Marktteilnehmer in den Prozess involviert sein.

[90] Die Genehmigungsanfrage prüft u. a., ob die Karte aktiv oder gesperrt und ob das Konto- bzw. Kartenlimit für den angefragten Betrag ausreichend ist.

[91] Vgl. Huch (2013, S. 88 ff.).

[92] Primär gilt die Unterteilung in nationale und internationale Architekturen nur für die 4-Corner Schemes.

und MasterCard hingegen finden je nach Kartentyp entweder für grenzüberschreitende Zahlungen oder nationale Zahlungen Anwendung.[93] Kooperationen zur Steigerung der Marktakzeptanz zwischen den nationalen und internationalen 4-Corner-Schemes zählen dabei zur gängigen Praxis.

Ähnlich den 4-Corner-Schemes gibt es auch eine Vielzahl von nationalen und internationalen 3-Corner-Schemes, z. B. Amex, JCB oder Diners, am Markt. Allerdings wird der Differenzierung zwischen nationalen und internationalen Schemes aufgrund der hohen Eigenständigkeit des 3-Corner-Schemes selbst und der fehlenden Einbindung nationaler Partner eine weniger bedeutende Rolle als bei den 4-Corner-Schemes zugeschrieben. Grundsätzlich sind 3-Corner-Schemes vergleichbar mit der Funktionsweise von Verbänden nur mit dem Unterschied, dass 3-Corner-Schemes alle Preise intern bestimmen und ein eigenes Marketing betreiben. Im Vergleich zur Kooperationspolitik der 4-Corner-Schemes sind jedoch bei den 3-Corner-Schemes aufgrund der Selbstständigkeit der Schemes Partnerschaften zwischen nationalen und internationalen Schemes nicht üblich.[94]

2.3 Kostenarten im Zahlungsverkehr mit Karten

Das Kartengeschäft ist charakterisiert u. a. durch eine hohe Komplexität in der Durchführung, was auf die Vielzahl der beteiligten Parteien zurückgeführt werden kann. Dies wiederum hat Auswirkungen auf die unterschiedlichen Kostenarten, denn im Kartengeschäft gilt der allgemeine Grundsatz: Je höher die Anzahl der involvierten Parteien ist, desto größer sind die Komplexität in der Kostenstruktur und die Kosten selbst.[95]

Den Untersuchungen von u. a. (Evans und Schmalensee 2005), (Deutsche Bundesbank 2009) oder (Bedre-Defolie 2009) zufolge wird im Zusammenhang mit den Kosten für Kartentransaktionen oftmals nur die Kostenart der Transaktionskosten, insbesondere die Interchange Fee verstanden und näher

---

[93] Bei der Debit-Karte konzentrieren sich die Aktivitäten der internationalen Schemes auf die grenzüberschreitenden Transaktionen, da die nationalen Schemes in den einzelnen Ländern dominieren. Im Charge- und Kreditkartengeschäft hingegen dominieren die internationalen Schemes auch bei nationalen Transaktionen innerhalb der SEPA, da bspw. die nationalen Schemes diese Zahlungsfunktion nicht anbieten.

[94] Vgl. European Central Bank (2006, S. 5 f.).

[95] Vgl. Maurer (2009, S. 17).

untersucht. Zusätzliche Kosten wie die Kosten für das Issuing- und das Acquiring-Prozessing,[96] Kosten der Händlerbank[97] für die Kontoführung,[98] die Kosten des Schemes,[99] die Kosten für die Bereitstellung der Infrastruktur und entsprechender Service-Level[100] oder die Kosten für den Karteninhaber[101] bleiben oftmals unberücksichtigt oder werden allenfalls am Rande erwähnt. Diese Eigenart lässt sich dadurch erklären, dass nach den o. g. Autoren schwerpunktmäßig der Wohlfahrtseffekt untersucht worden ist. Die positive Entwicklung der Wohlfahrt einer Volkswirtschaft leitet sich nach Ansicht der o. g. Autoren primär aus der Höhe der Interchange Fee ab, in deren Abhängigkeit im Kartengeschäft auch die Höhe aller anderen Kostenarten steht. Ist demnach die Interchange Fee größer als das soziale Optimum, werden bspw. die Kosten des Aquiring steigen. Ist hingegen die Interchange Fee kleiner als das soziale Optimum, werden die Kosten für bspw. die Kartenjahresgebühren steigen. Die Interchange Fee stellt somit das zentrale Element in der Einnahmen- und Kostenstruktur des Kartengeschäfts dar.[102]

[96] Unter dem Issuing- und Acquiring-Prozessing werden alle Kosten verstanden, die dem Issuer bzw. Acquirer vom Drittdienstleister des Prozessors in Abhängigkeit der in Anspruch genommenen Dienstleistung in Rechnung gestellt werden.

[97] Die Kosten der Händlerbank muss der Händler zahlen, wenn dieser Dienstleistungen im Zusammenhang mit der Durchführung des C&S in Anspruch genommen hat. Vgl. European Commission (2007).

[98] Die Kosten für die Kontoführung sind gleichzusetzen mit den Kosten für die Bereitstellung des Girokontos eines Bankkunden/Karteninhabers. Vgl. Huch (2013).

[99] Die Kosten des Schemes sind die Kosten, die seitens des Schemes dem Acquirer, Prozessor bzw. dem Issuer in Rechnung gestellt werden. Vgl. www.girocard.eu; www.mastercard.de; www.visa.de.

[100] Unter den Kosten für die Bereitstellung der Infrastruktur und Services werden die Kosten des Händlers am POS subsumiert, die für den reibungslosen Ablauf der Kartentransaktionen fällig werden. Zu diesen Kosten zählen u. a. die Kosten für Hard- und Software (z. B. POS Terminal, Betrugsbekämpfungssoftware), Hotline, Netzanbindung zum Issuer, Instandsetzung, Garantien etc.

[101] Vgl. European Commission (2006, S. 20 ff.).

[102] Den Aussagen von u. a. Evans, Schmalensee (2005) und Deutscher Bundesbank (2009) zufolge führt eine Abweichung zwischen sozialem und privatem Optimum durch eine überhöhte Interchange Fee zu einer Wohlfahrtsminderung in einer Volkswirtschaft.

2.3.1 Die Interchange Fee als Kostengröße der 4-Corner-Schemes

Im Kartengeschäft lassen sich zwei Typen von 4-Corner-Schemes charakterisieren:[103]

(i) 4-Corner-Schemes mit gemeinnützigem Hintergrund
(ii) 4-Corner-Schemes mit dem Ziel der Gewinnmaximierung

Trotz der Differenzierung besteht jedoch grundsätzlich für alle Arten von 4-Corner-Schemes Einheitlichkeit hinsichtlich der Transaktionskosten und in der Kostenverrechnung der involvierten Marktteilnehmer, bspw. entrichtet der Händler immer die Interchange Fee an den Issuer. Abweichungen davon finden sich hingegen bei den beiden Schemes in der Bereitstellung individueller Dienstleistungen und in der Preiskalkulation. Weiterhin unterscheiden sich die beiden Schemes in der Höhe der einzelnen Kostenarten, die bei nationalen wie internationalen Organisationen länderspezifisch geprägt sind. Die Ursachen für diese Abweichungen bilden oftmals nationale Eigenarten wie etwa spezielle Verbraucherschutzgesetze, unterschiedliche Entwicklungen und stärkere Förderung von Technologien durch Regierungen oder ein unterschiedliches nationales Nutzerverhalten der einzelnen Kartentypen.

Eine Fragestellung, die in der Beurteilung des Kartengeschäfts im Zusammenhang mit der Höhe der Interchange Fee einer Transaktion immer wieder diskutiert wird, ist die Frage, wie Kartenzahlungen effizient bepreist werden können, sodass die Diskrepanz zwischen sozialem und privatem Optimum in der Preissetzung nicht exorbitant wird. Der Einfluss einer solchen Diskrepanz in der Höhe der Interchange Fee auf den Wohlfahrtseffekt einer Volkswirtschaft ist u. a. von (Bergman 2007) und (Bedre-Defolie 2009) untersucht worden. Die Autoren sind in ihren Studien zu der Erkenntnis gekommen, dass unter gegebenen Voraussetzungen ein deutlicher Interessenkonflikt zwischen den beteiligten Parteien besteht und jede Partei versucht, ihre Kosten auf die andere Partei zu übertragen. Aus Sicht der Autoren fehlt es somit an einer Win-Win Situation für Issuer, Händler und Scheme, da letztlich der Händler nur als Marktteilnehmer den Großteil der Transaktionskosten und somit die volle Höhe der Interchange Fee

[103] Auf die Darstellung der Kosten der 3-Corner-Schemes wird im Rahmen dieser Arbeit verzichtet, da diese identisch mit den 4-Corner-Schemes ist mit der Ausnahme, dass einzelne Kosten wie die Interchange Fee ausschließlich intern verrechnet werden.

trägt. Aus diesem Grund erachten die Autoren die Diskussion über einen Grenzwert in der Kostenverrechnung für einzelne Kostenarten wie der Interchange Fee innerhalb der SEPA sinnvoll, was beispielsweise durch die europäischen Regulatoren im Rahmen der Regulierung der Höhe der Interchange Fee von Kartentransaktionen seit Juni 2015 durch die EU-Verordnung für Interbankenentgelte („Interchange") für Kartenzahlungen mit Debit-, Charge- und Kreditkarten festgelegt ist. Damit werden die Interbankenentgelte für Kartenzahlungen mit Debit-, Charge oder Kreditkarten geregelt, die im europäischen Wirtschaftsraum ausgegeben werden. Ausgenommen sind Firmenkreditkarten und Zahlungskarten mit Issuing außerhalb der EU („Non-EEA"). Am 19.10.2019 trat dann die zweite EU-Verordnung in Kraft, wonach die Interchange bei Kartentransaktionen mit Issuing außerhalb der EU im stationären Handel (Karte liegt vor) bei Kredit-, Charge- bzw. Debitkarten auf 0,30 % bzw. 0,20 % gedeckelt wird. Für Transaktionen im Fernabsatz (E-Commerce, telefonische oder postalische Bestellungen) wird die Interchange bei Kredit-, Charge- bzw. Debitkarten auf 1,50 % bzw. 1,15 % festgelegt. Aus Sicht der Autoren kann die angestrebte Wohlfahrtssteigerung durch die Liberalisierung und Harmonisierung des Kartengeschäfts allerdings nur über eine Einigung in der Kostenthematik realwirtschaftlich erreicht werden, womit die Autoren zwar eine Regelung durch die EU-Verordnungen im Sinne der Liberalisierung in Frage stellen, diese aber im Sinne der Harmonisierung befürworten.[104]

2.3.2 Definition und Ausprägung der Interchange Fee

Die Besonderheit des Two-Sided-Kartenmarkts liegt in der Existenz der Interchange Fee. Denn, um eine ungleiche Behandlung der Marktteilnehmer bzw. Preissteigerungen, die nicht einseitig direkt oder indirekt auf die Kunden, z. B. Karteninhaber oder Händler, umgelegt werden können, im Kartengeschäft zu vermeiden, fungiert die Interchange Fee in diesem Fall als Ausgleichsmedium zwischen Issuer und Händler, obwohl diese vom Acquirer an den Issuer abgeführt wird. In der Theorie bedeutet dies, dass bspw. der Issuer monetäre Benachteiligungen aus der Bereitstellung von Zahlungskarten und kartenbasierten Zahlungsdiensten[105], die nicht direkt oder indirekt in gleichem Maße an die Endverbraucher, z. B. Karteninhaber, weitergeben werden können, nicht selbst

[104] Vgl. Huch (2014).

[105] Unter kartenbasierten Zahlungsdiensten wird in diesem Zusammenhang bspw. die Vereinbarung von Regeln, Normen und Standards durch die Issuer verstanden.

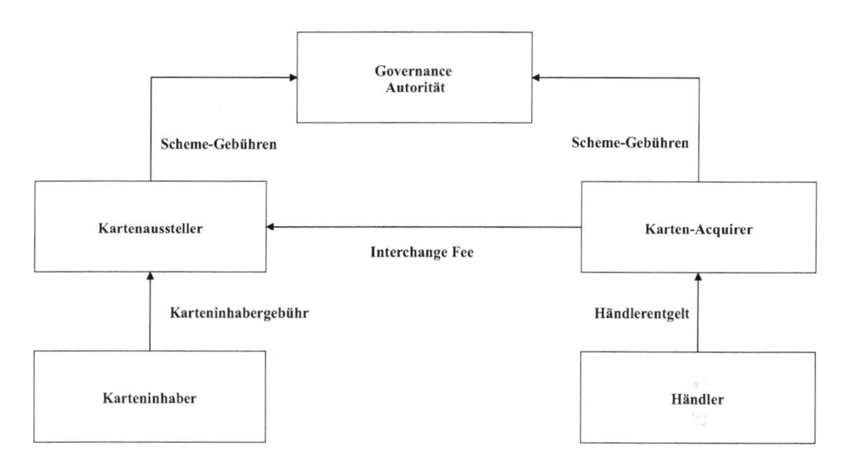

Abb. 2.6 Interchange Fee des Two-Sided-Kartenmarkts – 4-Corner Model. (Quelle: Eigene Darstellung in Anlehnung an ECB 2019)

kompensieren muss. Wie in Abb. 2.6 veranschaulicht, hat der Issuer in diesem Fall die Möglichkeit, einen Teil der Kosten durch die Interchange Fee über bspw. den Acquirer an den Händler weiterzugeben. Der Händler wiederum ist bereit, einen Teil der Kosten des Kartengeschäfts in Form des Händlerentgeltes (sog. Merchant Service Charge (MSC)) zu zahlen, da auch er einen Vorteil aus dem kartenbasierten Zahlungsverkehr zieht.[106] Die Interchange Fee als Teil der MSC schafft, sofern sie das Marktgleichgewicht herbeiführt und nicht der Gewinnmaximierung einer Marktseite dient, somit einen monetären Ausgleich zwischen den beiden Marktseiten des Issuing und Acquiring des Kartenmarkts, was wiederum Kartenzahlungen fördert.[107]

Die Einordnung der Interchange Fee in die Gesamtkostenstruktur einer Kartentransaktion der verschiedenen Arten von Zahlungskarten, Debit-, Charge- und Kreditkarten, lässt sich mithilfe der Abb. 2.7 erläutern. Dargestellt sind die Gebühren für Debit-, Charge- und Kreditkarten der internationalen Schemes wie Visa oder MasterCard und die der nationalen Debitkarten-Schemes, bspw. Girocard in Deutschland. Nicht abgebildet sind die 3-Corner Schemes, da diese

---

[106] Vgl. Huch (2013, S. 12 ff.).

[107] Vgl. Bolt und Schmiedel (2009, S. 7); Rochet und Tirole (2006, S. 2); Armstrong (2006, S. 669); siehe Abschn. 2.3.

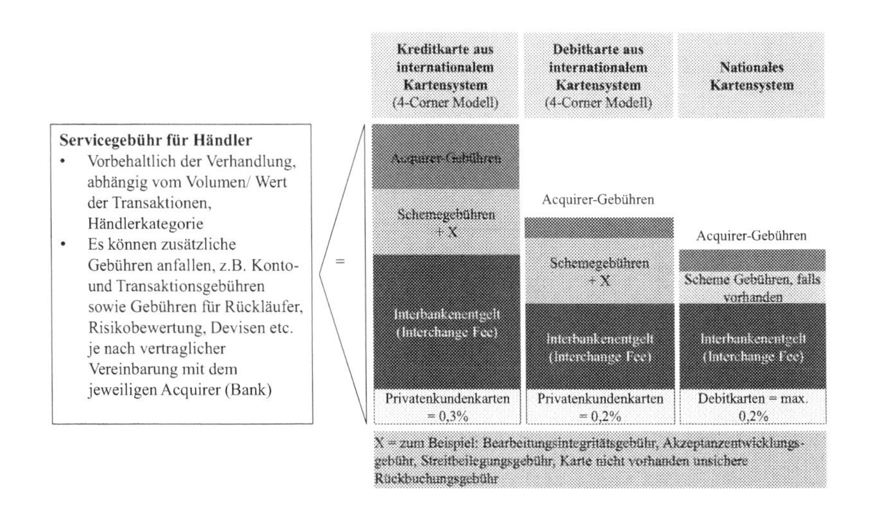

Abb. 2.7 Einordnung der Interchange Fee in die MSC Kartengebührenstruktur. (Quelle: Eigene Darstellung in Anlehnung an ECB 2019)

ein interne Verrechnung durchführen (Issuer = Acquier) und somit keine Interchange Fee ausweisen.[108] Die Interchange Fee ist ein Teil des Händlerentgeltes, Merchant Service Charge und variiert in der Höhe in Abhängigkeit vom Kartentyp. So ist die Interchange Fee bei Kreditkartentransaktionen mit 0,3 % bei Privatkundenkarten noch immer am höchsten.

Deutlich wird mithilfe der Abb. 2.7 auch, dass die Interchange Fee, welche in der hier abgebildeten Relation zur den anderen Kostengrößen, zwar eine dominante Größe der MSC ist, dieser aber auch durch weitere Gebühren wie die Kosten für das Scheme oder die Acquiring Gebühren bestimmt wird. Folglich kann eine Reduktion der Interchange Fee zu einer Absenkung der MSC führen, muss es aber nicht, wenn bspw. gleichzeitig die Scheme Gebühren und/oder die Acquiring Gebühren steigen. Ob die Reduzierung der Interchange Fee wiederum Kostenvorteile für die Händler mit sich bringt und ob die Preissenkungen auch an

[108] Voraussetzung für die Existenz der Interchange Fee ist die Architektur des 4-Corner-Schemes. Bei 3-Corner-Schemes fällt die Interchange Fee zwar theoretisch auch an, wird aber in der internen Verarbeitung nicht so betitelt und fällt demnach auch nicht unter die EU-Regulierung. Weiterhin muss das 4-Corner-Scheme ein offenes Scheme sein, d. h., dass geschlossene Handelskartenschemes, die nur für eine bestimmte Handelsmarke bestehen, ggf. auf die interne Zahlung einer Interchange Fee verzichten.

den Kunden weitergeben werden bzw. Händler Kartenzahlungen dadurch präferieren, wie im Tourist Test[109] beschrieben, konnte bisher nicht direkt nachgewiesen werden.

Die Gebühr der Interchange Fee, die der Acquirer oder die Händlerbank im Rahmen der MCS vereinnahmt und zu Rechten des Händlers an die Bank des Karteninhabers (Issuer) entrichtet, fällt im nationalen wie im internationalen Zahlungsverkehr bei jeder Kartentransaktion, die durch einen Karteninhaber autorisiert wird, an. Die Interchange Fee ist somit eine transaktionsbezogene relative Verrechnungsgebühr, die die Funktion einer wirtschaftlichen Balance innerhalb des Kartengeschäfts (Netzwerkes) erfüllt und entweder bilateral, die sogenannte Bilaterale Interchange Fee (BIF), oder multilateral, die sogenannte Multilateral Interchange Fee (MIF), festgelegt wird.

Unter Berücksichtigung der in diesem essential aufgeführten Architekturen, nämlich 3-Corner- und 4-Corner-Schemes, findet die Interchange Fee theoretisch in jeder Art von Architektur Anwendung. Wie bereits erläutert muss jedoch beachtet werden, dass im Typ der 3-Corner-Architektur die Interchange Fee eine interne Verrechnungsgebühr innerhalb des Schemes ist, deren Höhe nicht mehr extern ermittelt oder reguliert werden kann. In diesem Fall fällt die Gebührenverrechnung laut Experten nicht mehr unter die klassische Definition der Interchange Fee. Eine Ausnahme besteht lediglich dann, wenn 3-Corner-Schemes wie Amex damit beginnen, Dritte in den Vertrieb ihrer Karten zu involvieren, wodurch automatisch eine Trennung von Issuer und Acquirer erfolgt und die Interchange Fee im klassischen Sinn der 4-Corner-Architektur wieder Bestand hat.[110]

Die unterschiedlichen Ausprägungen der Interchange Fee lassen sich mithilfe der Abb. 2.8 erläutern. Wie aus der Abb. 2.8 ersichtlich ist, wird die Interchange Fee entweder bilateral zwischen dem Issuer und Acquirer vereinbart oder multilateral durch Hinzufügen einer zentralen Instanz wie dem Scheme. Das Scheme nimmt dabei eine übergeordnete zentrale Rolle ein und trifft eine bindende Entscheidung, z. B. über die Höhe der MIF, für alle angebundenen Teilnehmer. Je nachdem, um welche Art der Interchange Fee es sich handelt, wird von BIF oder MIF gesprochen. Sofern keine Kenntnis über die Art der Vereinbarung vorliegt oder eine Separierung unerheblich erscheint, wird in der Literatur nur der Begriff Interchange Fee verwendet. Unter Berücksichtigung der Komplexität und der notwendigen Anzahl bilateraler Vereinbarungen für die Gewährleistung

[109] Vgl. Jonker und Plooi (2013); Aurazo und Vasquez (2019).

[110] Vgl. Huch (2013).

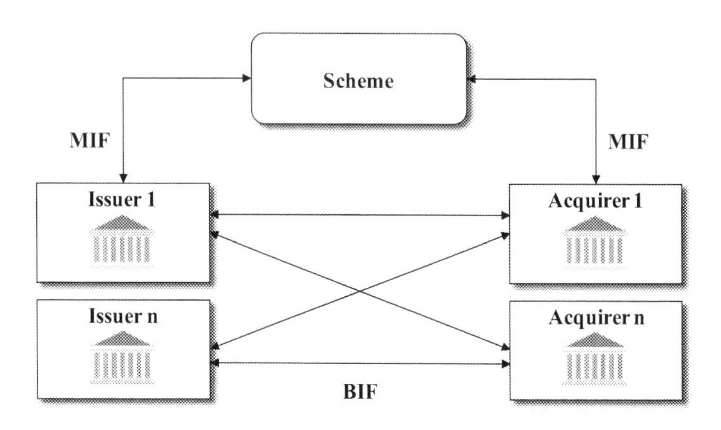

Abb. 2.8 Übersicht bilaterale versus multilaterale Gebührenordnung. (Quelle: Eigene Darstellung)

einer europäischen Abwicklung von Kartenzahlungen ist die MIF die gängigste Gebührenregelung im Kartengeschäft.[111]

Basierend auf der Funktionsweise der Interchange Fee erfolgt keine Unterscheidung zwischen Debit- sowie Charge- und Kreditkartentransaktionen. Bei beiden Kartentypen dient die Interchange Fee als Ausgleichszahlung, sie wird vom Händler bezahlt und letztlich über den Acquirer an den Issuer entrichtet. Abweichungen bei den Kartentypen finden sich allerdings in der Art der Verrechnung beim Händler sowie in der Höhe der Gebühr. So entrichtet im Falle einer Debit-Kartentransaktion der Händler die exakte Höhe der Interchange Fee über den Acquirer direkt an den Issuer und zahlt die Gebühr für die Zahlungsabwicklung separat. Bei Charge- und Kreditkartentransaktionen hingegen entrichtet der Händler ein Disagio[112], das aus der Interchange Fee und zusätzlichen Gebühren besteht, an den Acquirer. Dieser splittet nach Vorgabe des jeweiligen Schemes die Interchange Fee und leitet sie zuzüglich einer Umsatzbeteiligung an den Issuer weiter, siehe Abb. 2.6.[113]

[111] Vgl. Bedre-Defolie (2009). Auf Grund der geringen Marktanwendung der BIF wird im Rahmen dieser Arbeit stets von der MIF gesprochen, die unter der Bezeichnung der Interchange Fee subsumiert wird.

[112] Vgl. Alt, Huch (2021).

[113] Rechenbeispiel: Bei einem Transaktionswert von Euro 125, einem Disagio von 3 %, einer Interchange Fee von 1,58 % und einer 25 %igen Umsatzbeteiligung des Issuers beläuft sich

Die Höhe der Interchange Fee ist abhängig vom Scheme und vom Land. Soweit keine einheitlichen regulatorischen Vorgaben bestehen, entscheidet primär das Scheme selbst bzw. die Eigentümer oder Mitglieder über die Höhe der Interchange Fee. Grundsätzlich wird bei der Kalkulation der Interchange Fee nach den Kartentypen differenziert: So sind beispielsweise die Gebühren für Debit-Kartentransaktionen der nationalen Schemes tendenziell günstiger als die der Charge- und Kreditkarten der internationalen Schemes. Während die Interchange Fee der nationalen Schemes über alle Branchen hinweg gleich ist, differenzieren die internationalen Schemes ihr Disagio noch einmal nach dem Ausfallrisiko je Branche.[114] Je höher das vermutliche Ausfallrisiko ist, desto höher ist das zu entrichtende Disagio und folglich auch die Interchange Fee für den Issuer.[115]

der Gesamtertrag des Issuers auf 1,98 %, also Euro 2,40. Die effektive Umsatzbeteiligung des Issuers beträgt 0,34 %, dies entspricht 25 % auf das Disagio, abzüglich der Interchange Fee von 1,58 % und einer Acquiring Gebühr von 0,06 %.

[114] Zurückgeführt werden kann diese Form der Berechnung auf den Zeitraum, als keine Onlineautorisierungen mit Charge- und Kreditkarten möglich gewesen sind und lediglich die Autorisierung per Unterschrift erfolgt ist. Allerdings ist davon auszugehen, dass mit Zunahme der PIN autorisierten Transaktionen im Charge- und Kreditkartengeschäft auch mit einer Angleichung des Disagio per Branche zu rechnen ist.

[115] Vgl. Huch (2013, S. 287 ff.).

3 Das Kartengeschäft – Grundlage innovativer Geschäftsmodelle

Die digitale Transformation, der damit einhergehende technologische Fortschritt und die Digitalisierung betrieblicher Ökosysteme von Unternehmen steht für den Strukturwandel der gesamten Industrie und lässt den Zahlungsverkehr, insb. das Kartengeschäft, nicht unberührt. Neue Technologien, die sich in rasantem Tempo entwickeln, bspw. Mobile- und E-Payments, wirken sich auf die gesamte Wertschöpfungskette der Unternehmen aus und fördern innovative Geschäftsmodelle, wie die Möglichkeit des Subscription (Abonnement) von Services. Dabei sind kartenbasierte Zahlungen ein wichtiges Element, um eine Vielzahl digitaler Geschäftsmodelle zu ermöglichen. So sind insb. getrieben durch sich stets weiter entwickelnde und nach dem Optimum strebende Technologien und dem Einfluss der Start-Up Economy ganze Industrien wie die Automobilwirtschaft gezwungen, gezielt in die Monetarisierung digitaler, disruptiver Lösungen zu investieren. Die damit einhergehende schöpferische Zerstörung der Wertschöpfungsketten stellt mitunter die Daseinsberechtigung etablierten Marktteilnehmer innerhalb kürzester Zeit infrage und mäßigt diese in ihrem Handeln, da bspw. die Flexibilität in der Umsetzung von Produktinnovationen fehlt. Deutlich wird dies am Beispiel der Automobilwirtschaft, wo digitale Services wie die Now-Services von BMW nur auf Basis alternativer Zahlungsmöglichkeiten wie den Kartenzahlungen möglich sind, oftmals von den Konzernen aufgrund fehlender Innovation im Zahlungsverkehr erworben und weniger selbst entwickelt. Ein wesentlicher Treiber dieser rasanten Entwicklung alternativer digitaler Services sind vor allem die Fähigkeiten die Kartenzahlungen mit sich bringen. So können Kartenzahlungen vor allem bei Kleinstbetragszahlungen von Privatkunden einfach und risikolos genutzt werden, wenn diese nicht per Rechnung oder per Vorkasse zahlen möchten, was sich wiederum aus der Customer Experience[1] ableitet.

[1] Vgl. Alt und Huch (2021).

S. Huch, *Grundlagen des EU-Kartengeschäfts,* essentials,
https://doi.org/10.1007/978-3-658-36546-2_3

Der Zahlungsverkehr, insb. die Kartenzahlungen, spielt somit eine wichtige Rolle in der Innovation neuer Geschäftsmodelle im Sinne einer Überführung des Geldes von der Verfügungsgewalt eines Wirtschaftssubjekts in diejenige eines anderen. Die schnelle, sichere und vor allem reibungslose Abwicklung der Transaktionen, das Kartengeschäft zählt diesbezüglich gern als Commodity, genießt dabei höchste Priorität für alle digitalen Geschäftsmodelle seitens der Anbieter ebenso wie für deren Kunden. Kartenzahlungen bilden somit als Teil des Monetarisierung gewissermaßen das Rückgrat digitaler Geschäftsmodelle. Es überrascht daher nicht, dass im Zuge der Abwicklung von Transaktionen immer häufiger, intensiver und kontroverser die Einbindung, bspw. die Frage des Make-or-Buy des Kartengeschäfts, erörtert wird. Dabei ist die Digitalisierung in diesem Bereich der Finanzwirtschaft längst kein neues Geschäftsfeld mehr und Kartenzahlungen bereits seit den 1980er Jahren wichtiger Bestandteil bspw. im klassischen POS Geschäft und spätestens seit den 1990er Jahren durch das Online-Banking oder der Kartentransaktionen im E-Commerce fest in der Finanzwirtschaft verankert.

3.1 End-to-End Kartenzahlungen

Im Hinblick auf Kartenzahlungen unterscheidet die Deutsche Bundesbank zwischen vier Kategorien innovativer Bezahlverfahren: (1) Kontaktloses Bezahlen mit der Karte, (2) Bezahlen mit dem Mobiltelefon im Geschäft, (3) Bezahlen mit dem Mobiltelefon außerhalb des Geschäfts und (4) Internetbezahlverfahren. Alle vier Kategorien können sowohl direkt (1) als auch indirekt (2,3,4) auf Basis von Kartenzahlungen abgewickelt werden. So fungieren Charge- und Kreditkarten häufig als Verrechnungsbasis für Mobile oder E-Payment.[2] Hinzu kommt, dass durch die fortschreitende Digitalisierung und deren Verschränkung des Kartengeschäftes mit bestehenden Prozessen Nicht-Banken in ihren Kerngeschäftsfeldern (u. a. Automobil, Handel, Chemie, Maschinenbau) mit dem traditionellen Geschäftsfeld des Issuing und Acquiring verbunden sind. So müssen mitunter sensible Kartendaten bei Nicht-Banken gespeichert, Akzeptanzstellen geschaffen, Stammdaten angereichert und Produktangebote angepasst werden. Zudem kommt, dass Kunden über das Single Sign-On oder One Click Checkout-Lösungen in identisches Zahlungserlebnis bei allen Serviceangeboten eines Anbieters und dessen Partner haben möchten. Dies bedingt wiederum eine End-to-End Verarbeitung der Kartendaten entlang der Wertschöpfungskette des Unternehmens, wie in Abb. 3.1 dargestellt und soll dem Kunden ein individualisierten, ganzheitlichen

[2] Vgl. Deutsche Bundesbank (2017); Deutsche Bundesbank (2020).

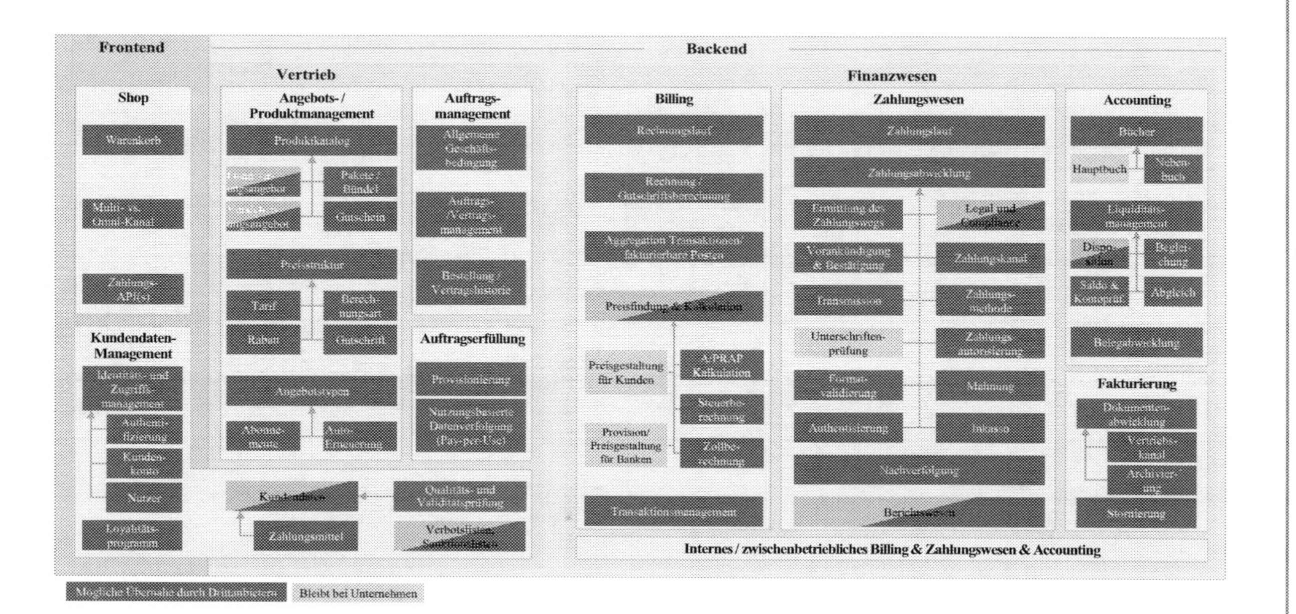

Abb. 3.1 End-to-End Kartenzahlungen im Unternehmen. (Quelle: Eigene Darstellung)

und reibungslosen Ablauf der Zahlungstransaktion garantieren. Folglich übertragen sich die Verantwortlichkeiten im Kartengeschäft zunehmend von den Banken auf die Nicht-Banken, wobei dies in Zeiten einer Reduzierung der Fertigungstiefe der transaktionsbezogenen Unternehmensprozesse sowohl bei Prozessen der Wertschöpfung, als auch bei Unterstützungsprozessen im Bereichen Finanzen eine Herausforderung ist. Deshalb stehen die Nicht-Banken zusätzlich vor der strategischen Entscheidung, Dienstleitungen selbst zu erbringen oder auszulagern. Abb. 3.1 beinhaltet einen Überblick, welche Services bei Nicht-Banken möglicherweise für ein Outsourcing geeignet sind, bzw. bereits durch Drittanbieter im Kartengeschäft verantwortet werden und welche Services grundsätzlich im Unternehmen verbleiben sollten.[3]

Abb. 3.1 verdeutlicht eine allgemeingültige End-to-End Non-Cash-Wertschöpfungskette eines Unternehmens mit einer Klassifizierung in zwei verschiedene Bereiche. Aus fachlicher Sicht sind dies die Bereiche Vertrieb und Finanzwesen und aus IT-Sicht das Front- und das Backend unterteilen. Während unter der Bezeichnung Frontend primär die Systeme mit der Schnittstelle zum Kunden zu verstehen sind, bspw. die jeweiligen Shop-Lösungen und die Kundenmanagementsysteme, umfasst das Backend alle Systeme, Schnittstellen und IT-Partnerschaften, die für die Abwicklung der Transaktion verantwortlich sind, also die Übermittlung der Stamm- und Transaktionsdaten. Hier kommen klassische Informationssysteme wie ERP-Systeme aber auch Plattformlösungen zum Einsatz, an die die jeweiligen Shop-Lösungen angebunden sind, sieh Abb. 3.2.

Zur Beschreibung der fachlichen Funktionsbereiche und deren Bezug zum Kartengeschäft[4]

Vertrieb – Shop Der Shop hat mit den drei Funktionsbereichen: Warenkorb, Kanal und API die Aufgabe, den Einkauf/die Customer Journey des Kunden zu steuern. Kartenzahlungen sind dabei Omnichannel möglich und helfen dem Verkäufer den Kaufvorgang in jedem Vertriebsmedium des Händlers umzusetzen, bspw. über eine App auf dem Mobiltelefon oder über die Homepage des Händlers. Im Warenkorb/beim Check-Out sind Kartenzahlungen gern als präferiertes Zahlungsinstrument hinterlegt. Der Vorteil besteht darin, dass diese für den Händler ein

---

[3] Vgl. Alt und Puschmann (2016).

[4] Die hier aufgeführten Schnittmengen der Kartenzahlungen mit den einzelnen Funktionsbereichen stellen keine Ausschließlichkeit und Vollständigkeit dar, sondern sollen in erste Linie die Bedeutung des Kartengeschäftes hervorheben. So können auch alternative Zahlungsinstrumente ähnliche Schnittmengen sowie das Kartengeschäft weitere Schnittmengen aufweisen.

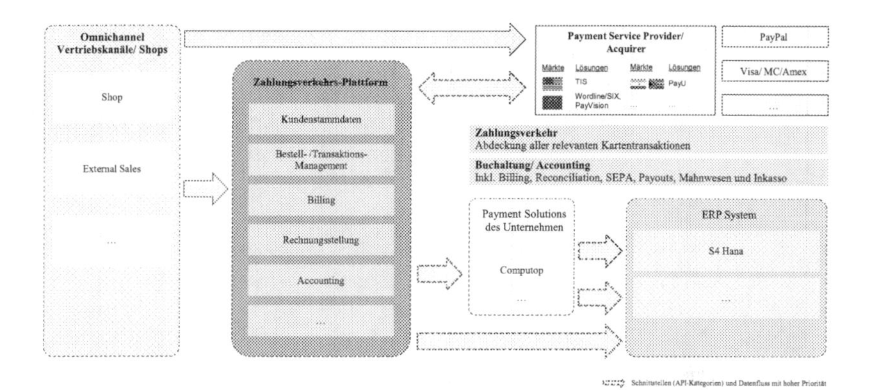

Abb. 3.2 IT-Plattform-Architektur mit Fokus auf Kartengeschäft. (Quelle: Eigene Darstellung)

risikoloses Zahlungsinstrument unabhängig von der Höhe des Kaufpreises sind und zudem grenzüberschreitend sowie Issuer-unabhängig eingesetzt werden können. Die Zahlungs-API[5] bezeichnet die Schnittstelle zu Drittanbietern, um die Transaktionen abzuwickeln, was bspw. mithilfe der letzten vier Ziffern der Charge- und Kreditkarten erfolgen kann.

Vertrieb – Kundendaten-Management Mit Hilfe von Kartenzahlungen können klassische Bonusprogramme wie Miles & More integriert oder Kunden über das jeweilige Scheme authentifiziert werden. Zudem kann mithilfe der Kartennummer auch die klassische KYC-Prüfung der Kunden erfolgen.

Vertrieb – Angebots-/Produktmanagement Die Produktinnovationen im digitalen Umfeld stehen in hoher Abhängigkeit zum Kartengeschäft. Insbesondere die Angebotstypen Abonnement und Autoerneuerung (Auto Renewal) werden durch die Charge- und Kreditkartenzahlungen der Schemes vollautomatisiert abgebildet. Im Hinblick auf die Preisstrukturen der Services gibt es die Entwicklung zum dynamisch, daten-getrieben Preismodell. Das bedeutet, dass auf Basis der Kartennummer (z. B. Identifikation des Issuing-Land) in Verbindung mit dem online Kundenverhalten unterschiedliche Services zur selben Zeit dem Kunden unterschiedliche Preise ausweisen. Dementsprechend lassen sich auch im Rahmen des Produktkataloges

[5] Vgl. Alt und Huch (2021).

unterschiedliche Rabattangebote, Produktbundles oder Finanzierungs- und Versicherungsangebote darstellen, welche direkt mit der Kartenzahlung verbunden sind. Vor allem für die Finanzierungs- und Versicherungsangebote sind Kartenzahlungen geeignet, da die Kreditwürdigkeit direkt über das Scheme bestätigt/abgewickelt wird sowie die Unternehmen bei Versicherungsangebote mit Karten-Issuern kooperieren können.

Vertrieb – Auftragsmanagement Kartenschemes dokumentieren die Transaktionen der Karteninhaber und erstellen für Händler, bspw. pro Karteninhaber, individualisierte Berichte. Das bietet die Möglichkeit für Unternehmen Kunden durch frühzeitige Angabe der Kartendaten bereits bei der Registrierung in die Vertragshistorie sowie das Vertragsmanagement der Schemes einzubinden und somit ein vollumfassendes Kundenprofil zu erstellen.

Finanzwesen – Billing Die Funktionsbereiche der Rechnungsstellung/Begutschriftung und der damit einhergehende Rechnungslauf sind auch in Verbindung mit Zahlungskarten von Bedeutung, allerdings weit weniger als bei Lastschriftverfahren oder per Rechnung, da Kartenzahlungen transaktionsbasiert sind. Das bedeutet, dass eine Kartenzahlung je Transaktion autorisiert und verrechnet wird, hingegen die Rechnung letztlich nur einen steuerlichen bzw. buchhalterischen Verwendungszweck hat und somit nicht mehr die Aufforderung der Zahlung beinhaltet. Damit verlagert sich das Zahlungsausfallrisiko auf die jeweilige Transaktion. Für den Funktionsbereich der Preisfindung und Kalkulation helfen Kartenzahlungen, steuerliche Abrechnungen zu erstellen, was bspw. ein Service der Schemes ist.

Finanzwesen – Zahlungswesen Bei Kartenzahlungen entfällt häufig der Zahlungslauf, da es sich um eine transaktionsbasierte Monetarisierung handelt. Dennoch ist es möglich, dass nach Vereinbarung mit dem Acquirer auch ein täglicher Zahlungslauf stattfindet. In diesem Fall werden die Transaktionen über einen Geschäftstag gesammelt und am Ende des Tages durch den Acquirer prozessiert. Allerdings erhöht sich dadurch das Ausfallrisiko. Auch die Zahlungsabwicklung ist bei Kartenzahlungen deutlich vereinfacht. So können die Kunden diese über jeden Kanal ohne Einschränkung nutzen, wobei auf Wunsch des Händlers bei jeder Kartentransaktion eine Autorisierung erfolgt und klassische Prozesse wie die Vorankündigung oder das SEPA-Mandat bei Lastschriften entfällt. Weiterhin ist eine Übermittlung der Bankdaten an den Kunden obsolet. Ein weiterer Vorteil ist, dass bei Kartenzahlungen die Subfunktionen Mahnung und Inkasso nur im Falle von sog. Chargebacks (Rückerstattungen), zum Einsatz kommt.

Finanzwesen – Accounting Kartenzahlungen werden mehrheitlich nicht durch die Unternehmen selbst, sondern durch PSPs abgewickelt, u. a. aufgrund der notwendigen PCI DSS Zertifizierung, weshalb das Clearing der Transaktionsdaten oftmals extern erfolgt. Die Buchungsdaten werden entsprechend durch den externen Provider aufbereitet und anschließend über eine API, siehe Abb. 3.2, direkt in die buchführenden Systeme der Unternehmen gespielt. Dadurch wird eine vollautomatische Verbuchung sichergestellt. Folglich dient das Kartengeschäft als Vorreiter die Geschäftsprozesse im Sinne einer reduzierten Fertigungstiefe der transaktionsbezogenen Unternehmensprozesse im Bereichen Finanzen zu vereinfachen.

Finanzwesen-Fakturierung und Internes/zwischenbetriebliches Billing & Zahlungswesen & Accounting Der Einfluss des Kartengeschäfts beschränkt sich in diesen Funktionsbereichen auf das Verfolgen der Kundentransaktionen innerhalb der Unternehmensgruppe. So dienen bspw. die letzten vier Ziffern der Kartenzahlungen als Stammdatensatz, um Kundentransaktionen kanal-, shop- und firmenübergreifend zu autorisieren oder zu spezifizieren. Denn oftmals haben die einzelnen Unternehmensteile durch Zukauf oder höhere Autonomiegrade eigenständige Kundennummern, weshalb mit Hilfe der Kartennummern eine reibungslose und vollautomatische konzernübergreifende Abwicklung von Kundentransaktionen möglich ist, da diese pro Kunde bei jedem Unternehmen gleich ist.

3.2 Integration des Kartengeschäfts in die bestehende Infrastruktur

Für die fachseitige End-to-End Abwicklung des Kartengeschäftes bei Unternehmen ist es von Bedeutung, dass diese ganzheitlich durch die IT-Architektur abgebildet wird. So ist für einen reibungslosen, vollautomatischen Prozess im Hinblick auf die Anforderungen des Bereichs Vertrieb, bspw. Omnichannel, oder des Bereichs Finanzwesen, bspw. transaktionsbasierte Abrechnung, wichtig, die Stamm- und kartenbezogenen Transaktionsdaten der angebundenen Vertriebskanäle zentral über eine zentrale Plattform zu steuern. Diese, wie in Abb. 3.2 dargestellt, stellt das zentrale Bindeglied zwischen den Funktionsbereichen des Vertriebes und des Finanzwesens dar. Nur so ist eine vollautomatische Abwicklung der Kartentransaktionen vom Shop über den PSP bis hin zum Accounting möglich.

Im Kartengeschäft erfolgt die Abwicklung der Charge- und Kreditkartentransaktionen zweiseitig. Zum einen innerhalb der Unternehmensgruppe über die Plattform und zum anderen über eine direkte Anbindung der Vertriebskanäle an den PSP. Während die Abwicklung über den PSP den Fokus auf den Verrechnungs- und Transaktionsströme der Autorisierung, des Gebührenflusses und des CSM hat, liegt der Fokus innerhalb der Gruppe auf der Plattformabwicklung des Transaktions- und Informationsflusses.[6] Letzterer dient gleichsam als Prüfmechanismus für die spätere Rückführung der Gebühren in das ERP System, bspw. durch die PSP. Dabei sind unterschiedliche Strukturmodelle möglich, von der vollständigen internen Abwicklung der Kartenzahlung durch die Gruppe, bspw. Volkswagen, bis hin zur Auslagerung (Outsourcing) der Dienstleistungen an Drittanbieter, die sowohl die Vertriebskanäle, die Plattform, die Payment Solution oder die ERP-Systeme verwalten. Im Kartengeschäft ist dies insbesondere durch die bereits global bestehenden Infrastrukturen, insb. durch Visa und MasterCard etabliert, möglich. So können international agierende Unternehmen die Akzeptanz von Kartenzahlungen in nahezu jedem Land gewährleisten und den für das Unternehmen bevorzugten „Perfect Payment Mix" auf länder-, regionaler oder internationaler Ebene definieren. Somit können vor allem lokale Zahlungsinstrumente, Zahlungsmethoden, Kostenstrukturen und Ausfallrisiken durch die Unternehmen gesteuert werden.

[6] Vgl. Huch (2013, S. 94 ff.).

4 Fallbeispiel EPI – European Payment Initiative

Die europäische Zahlungsverkehrsinitiative (EPI) ist eine Initiative zur Vereinheitlichung und Transformation des europäischen Zahlungsverkehrs, unterstützt von der EZB und der Europäischen Kommission, mit dem Ziel ein paneuropäisches Zahlungssystem und Interbankennetz zu schaffen. EPI Zahlungstransaktionen umfassen dabei die vier Kategorien innovativer Bezahlverfahren der Bundesbank für Verbraucher und Händler in Europa. Die seitens EPI dafür zugrunde liegenden Zahlungsinstrumente sind das Instant Payment/SEPA Instant Credit Transfer (SCT Inst) und Kartenzahlungen.

EPI selbst ist eine Initiative europäischer Banken, ähnlich SEPA, gegründet im Juli 2020 von 16 europäischen Banken aus fünf Ländern (Belgien, Frankreich, Deutschland, den Niederlanden und Spanien), um der Forderung der EZB der Schaffung einer End-to-End-Marktlösung basierend auf Instant Payments (SCT Inst) und Kartenzahlungen nachzukommen, sowie den Wettbewerbsdruck auf die internationalen Kartensysteme und deren aktuell hohen Gewinnspannen zu erhöhen. Im November 2020 traten weitere europäische Banken (aus Spanien, Finnland und Polen) und Zahlungsdienstleister (Worldline und Nets) der Initiative bei. Der Ansatz von EPI ähnelt dem Monet Projekt von 2009, nämlich die nationalen europäischen Zahlungssysteme wie das französische Carte Bancaire und das deutsche Girocard System zu einem pan-europäischen Zahlungsnetzwerk zu vereinen. Weiterhin soll EPI den teilnehmenden Banken und Dienstleistern u. a. im Kartengeschäft die Chance bieten, dem enormen Druck zur Disintermediation durch Big Techs und Fintechs entgegenzuwirken.[1]

[1] Vgl. Capgemini (2021).

S. Huch, *Grundlagen des EU-Kartengeschäfts*, essentials,
https://doi.org/10.1007/978-3-658-36546-2_4

4.1 EPI Ambitionen und Value Proposition

Die Initiative EPI verfolgt somit den Ansatz, ein neues pan-europäisches Scheme auf der Infrastruktur der bestehenden nationalen Schemes zu errichten, welches beliebig via APIs global erweitert werden kann, bspw. durch das Anbinden weiterer Schemes, Banken oder Dienstleister. Im Unterschied zu den bestehenden Kartenschemes wie Visa und MasterCard und der damaligen Monet Lösung, basiert EPI auf einer zwei-Produktstrategie, bisher nur von den BATX[2] angeboten. Diese zwei Produkte sind die europäische Karte und einer digitalen Wallet. Für beide Produkte hat EPI nach aktueller Planung vier Anwendungsfälle (Use Cases) definiert: (1) POS Geschäft, (2) E- und M-Commerce, (3) Bargeldverfügung und (4) Peer-to-Peer Zahlungen. Hinzu kommen sog. Value Added Services, wie die digitale ID oder Sofortfinanzierungen, um den Kunden und Händlern ein im Vergleich zu den Wettbewerbern verbessertes Wertangebot (value add) anbieten zu können. Demnach ist die Ambition von EPI, möglichst eine Lösung für Kunden und Händler anzubieten, die alle Anwendungsfälle (Use Cases) abdeckt, um sich so als dominierende Zahlungslösung in Europa zu positionieren und mit den aktuellen Marktführern der Branche, bspw. Paypal, zu konkurrieren. Das heißt, zum einen EPI als die vom Markt präferierte Zahlungslösung für alle Massenzahlungen in Europa zu etablieren und zum anderen mehr internationale Akzeptanz zu generieren. Dazu sollen 100 % des Volumens der inländischen Systeme auf die EPI-Lösung übertragen und diese sowie weitere nationale Zahlungsverkehrslösungen durch die schrittweise Gewinnung von Marktanteilen im Internationalen Clearing und Settlement (ICS Volumen) durch EPI ersetzt werden. Weiterhin plant EPI ein proaktives Mitwirken bei der Erstellung von Regularien im Zahlungsverkehr und mehr Lobbyismus bei europäischen Aufsichtsbehörden, um möglichen für den europäischen Zahlungsverkehr nachteiligen Regularien seitens die EU frühzeitig entgegenzuwirken.[3]

Mit Blick auf Kartenzahlungen (Debit-, Charge- und Kreditkarten) sollen Kunden diese sowohl am POS als auch im E-/M-Commerce nutzen können. Das gilt sowohl für eine physische (plastik) als auch die digitale (Kartennummer + Prüfziffer) Akzeptanz, siehe Abb. 4.1.

---

[2] Akronym für Baidu, Alibaba, Tencent und Xiaomi, die vier größten chinesischen Technologieunternehmen.

[3] Vgl. Global Payment Summit (2021).

Zahlungsinstrument	Customer Journey	POS	E-/M-Commerce
Debit/ Charge- und Kreditkarten	Manuelle Eingabe: PIN am POS or PAN für E-/M-Commerce	Kontaktlos/ NFC	Nur Charge- und Kreditkarten
	NFC (inklusive X-Pay's)	Ja, in der Karte	N/A
	PayPal Bestandteil der Online-Lösung	Nein	Für EPI Charge- und Kreditkarten
	Card-on-file/ gültigen Karte	Nein	Ja, nach Maßgabe DSGVO

Abb. 4.1 Akzeptanz EPI Kartenzahlungen. (Quelle: Eigene Darstellung)

4.2 EPI IT-Architektur und Management-Modell

Im Hinblick auf die IT-seitige Umsetzung der genannten Produkte und Services plant EPI zunächst die technische Migration inländischer Dienstleister und Partner, denn aktuell verfügt EPI über keine eigene IT-Infrastruktur. Demnach sollen derzeit bis zu acht präferierte europäischen Vendoren/Partner (bspw. IBM, Atos, etc.) der teilnehmenden Banken eine Architektur aufsetzen, die eine grenzüberschreitende Abwicklung der EPI-Transaktionen bereits bis 2022 ermöglicht. Dabei wird zunächst auf die bestehende IT-Infrastruktur der Vendoren zurückgegriffen und sukzessive eine Überführung der IT zu EPI geplant, sodass letztlich eine unabhängige, agile EPI-verantwortete Infrastruktur besteht. Wie in Abb. 4.2 dargestellt, ist eine mögliche Lösung, ein mehrschichtiges Architekturkonzept aufzubauen, sodass die Architektur modular als auch skalierbar ist und zukünftig um weitere Anforderungen erweitert werden kann. Dazu ist die IT-Architektur wie in Abb. 4.2 dargestellt, in sieben unterschiedliche Ebenen aufgeteilt. Gateway, Router, Orchestrierung und Services sind direkt EPI zugeordnet, die Randbereiche wie Kanäle, Institute und Schemes stellen u. a. Schnittstellen zu Partnerschaften dar.

Die Kanalebene beinhaltet die verschiedenen Kundenkanäle sowie Produkte und Services, basierend auf den Zahlungsinstrumenten, Karte und SCTInst. Dabei sind alle Kanäle über Anwendungen und Netzwerk-Gateways mit dem Backoffice- und den dazugehörigen API-Schichten verbunden, um eine vollautomatische Abwicklung zu gewährleisten. Die Ebene des Routers stellt die Verbindung zu den Emittenten/Banken, Acquirern etc. dar und sorgt für die Weiterleitung der Transaktionen von der Akzeptanzseite zur Issuing-Seite. Damit wird im Acquiring bspw. die Authentifizierung von Kunden mit 3DS Directory Server ermöglicht. Die Orchestrierung validiert die Policen und Verträge

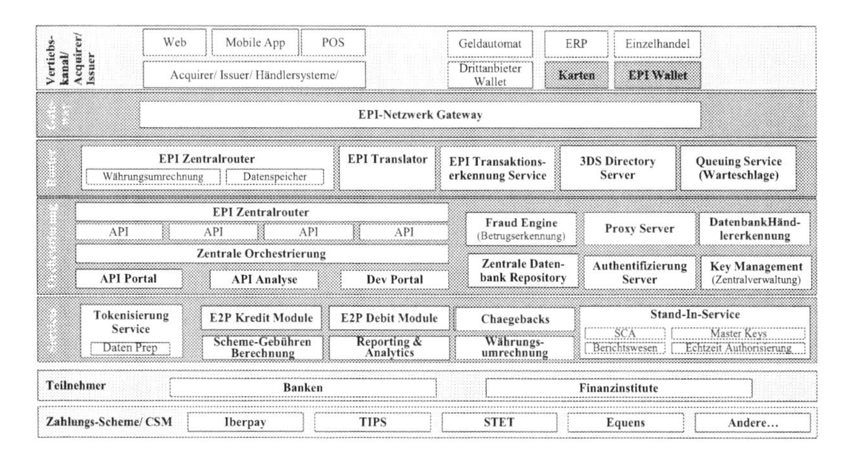

Abb. 4.2 End-to-End EPI IT-Architektur. (Quelle: Eigene Darstellung in Anlehnung an Capgemini 2021)

und sichert die APIs zu den Backend-Systemen, um die Kartenzahlungen und SCTInst Transaktionen „on-us" in den Back-Office-Systemen zu verarbeiten.

Im Hinblick auf das EPI Managementmodell lässt sich eine Besonderheit feststellen. So setzt sich das Management-Modell aus zwei unabhängigen Gesellschaften zusammen, einer Verwaltungsgesellschaft (sog. Scheme Manager) und einer Infrastrukturgesellschaft.[4]

Wie in Abb. 4.3 dargestellt, besteht die EPI Organisation aus drei Einheiten, dem EPI Scheme Manager und den davon losgelösten Einheiten, Zentrale EPI-Einheit und dem EPI-Router. Der EPI Scheme Manager betreibt das EPI Scheme, d. h. hier werden die Regel für die strategische und operative Zusammenarbeit beschlossen, Verwaltungsrollen definiert, Nachrichtenstandards festgelegt, das Branding entschieden und die Kommunikation abgestimmt.

Davon getrennt in der Infrastrukturgesellschaft werden in der zentralen EPI-Einheit die technischen Aktivitäten (Directory Server, Tokenisierung, Proxy-Lookup) manifestiert, sowie das Routing für grenzüberschreitende Transaktionen (über ausgewählte Router) und optionale Verarbeitungsdienste durch EPI zertifizierte Prozessoren gesteuert. Die Einheit EPI-Router ermöglicht die prozessorübergreifenden Transaktionen, wobei die EPI Router von der EPI-Zentrale im

[4] Vgl. Weimert (2021).

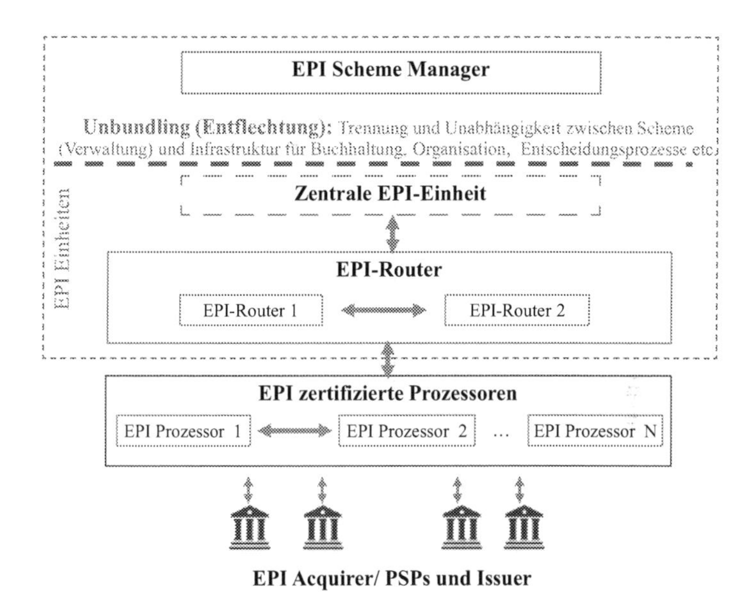

Abb. 4.3 EPI Management-Modell. (Quelle: Eigene Darstellung in Anlehnung an European Payment Initiative 2021)

Rahmen eines RFP ausgewählt werden. Die angebundene EPI zertifizierten Prozessoren verantworten die operative Verarbeitung der EPI-Transaktionen. Dies kann den EPI Statuten folgend jeder Prozessor sein, der die von der EPI Zentraleinheit geforderten Anforderungen erfüllt. Dabei können die teilnehmen Banken frei wählen, welche(r) er/sie verwenden möchte.[5]

Im Hinblick auf das EPI Geschäftsmodell spielt sicherlich die Höhe als auch die Entwicklung der Interchange Fee eine entscheidende Rolle. Dabei gibt es zwei mögliche Szenarien. Erstens, die Interchange bleibt wie sie ist, dann könnten in den kommenden Jahren womöglich bis zu ca. 10 Mrd. EUR p.a. darüber eingenommen werden.[6] Zweitens, die Interchange Fee für Debitkartentransaktionen fällt auf null Prozent und wird bei inländischen und grenzüberschreitenden Charge- und Kreditkartentransaktionen im EWR um 50 % reduziert. In diesem

[5] Vgl. European Payment Initiative (2021), European Central Bank (2021), Weimert (2021).

[6] Eigene Hochrechnung auf Basis der teilnehmenden Banken und deren Transaktionen innerhalb der nationalen Schemes. Vgl. European Central Bank (2019).

Szenario könnten die Einnahmen auf womöglich auf ca. 5 Mrd. EUR p.a. zurückfallen.[7] Hinzu kommen Einnahmen aus den Value-Added Services. Die Höhe darüber ist noch gänzlich unklar, jedoch könnten die Banken durch die Digitalisierung des Bargeldes (e-Euro) oder zusätzliche Services wie Instant Finance direkt Einnahmen generieren. Auf der Kostenseite können durch die Zentralisierung und die Bündelung der Transaktionen Skaleneffekte und Fixkostendegressionen generiert werden. Diese können wiederum dazu führen, dass die System- und Bearbeitungsgebühren für die Abwicklung der Transaktionen der Banken sinken, insbesondere für die Transaktionen, die derzeit über das ICS abgewickelt werden. Ein zweistelliger prozentualer Rückgang ist hier möglich.

Demgegenüber stehen die Kosten für den Aufbau von EPI. Das Investment wird hier mit mehreren Milliarden Euro angesetzt. Diese teilen sich in die Kosten für die Verwaltungsgesellschaft von EPI sowie in die Kosten für Issuer und Acquirer. Es ist anzunehmen, dass ein Großteil der Kosten bei den Acquirer liegt, da insb. die Schaffung der Akzeptanz, wie im Fall von paydirekt, in der Vergangenheit mit sehr hohen Kosten verbunden war, sowie in der Errichtung der IT-Infrastruktur. So muss die Infrastruktur in der ersten Phase mit den Vendoren partitioniert und harmonisiert und in der zweiten Phase zu EPI ganzheitlich migriert werden.[8]

In Anbetracht der bevorstehenden Herausforderungen sowie notwendigen Entwicklungen muss EPI eine schnelle Wachstumskurve aufweisen, soll das Interesse der Shareholder nicht verloren gehen und eine ähnliche Entwicklung wie bei Monnet eintreten.

Weiterhin gibt es nach Angabe teilnehmender Banken noch offene Punkte, vor allem auf europäischer Ebene. So ist aktuell noch nicht entschieden, ob seitens der DG Comp die Interchange Fee als nachhaltiges Geschäftsmodell akzeptiert wird oder ein alternatives Geschäftsmodell von EPI gewünscht wird. Diesbezüglich werden die teilnehmen Banken mit hoher Sicherheit eine Garantie für den Erhalt der aktuellen Interchange Fee von 0,2 und 0,3 % von der DG Comp einfordern, anderenfalls gibt es keine Sicherheit für das hohe Investment.

Auch im Management-Modell gibt es noch offene Punkte. So gab es bisher noch keine Kommunikation seitens EPI, ob die EPI Shareholder ausschließlich europäische Kreditinstitute sind oder ob sich EPI auch für andere Länder oder Dienstleister öffnet. In Abhängigkeit davon ist eine Regelung für die Verteilung

[7] Die europäischen Regulatoren und Experten diskutieren schon seit längerem eine Interchange Fee von Null, bzw. annähend Null. Vgl. Huch (2014).

[8] Vgl. Global Payment Summit (2021).

der Anteile und der Stimmrechte wichtig, bspw. dient als Berechnungsgrundlage der Umsatz oder das Volumen oder beides als Maßstab. Weiterhin muss eine klare Differenzierung zwischen den Rechten und Verantwortlichkeiten einer Mitgliedschaft und einem Anteilseigener bestehen, oder ob die Balance von Issuern, Acquirern und PSPs diesbezüglich ausgeglichen sein muss. Worüber jedoch schon heute Klarheit besteht ist, dass die EPI Organisation im operativen Geschäft unabhängig von den Anteilseigenern sein muss, will EPI agil arbeiten und somit die organisatorische Flexibilität erlangen, die das Unternehmen bei dem ambitionierten Wachstum und dem sich schnell ändernden Märkten benötigt.

5 Zusammenfassung der Erkenntnisse

Die Struktur des Kartengeschäfts weist noch immer eine hohe Heterogenität auf. Zudem ist durch die zunehmende disruptive Marktentwicklung, insb. im Hinblick auf Fintechs, die heterogene Wertschöpfungskette des Kartengeschäfts weiterhin durch eine hohe Komplexität charakterisiert. Trotz des Projektansatzes von Monnet, dem Banken-FinTech paydirekt, womit ein Grundstein für ein Vereinheitlichung der Standards in Deutschland gelegt werden sollte, das deutsche als auch das europäische Kartengeschäft noch immer von einer Vielzahl unterschiedlicher nationaler Normen, Standards und Regulierungen geprägt, was sich in der Unsicherheit im europäischen Binnenmarkt, hohen Konvertierungskosten[1] und einer mangelnden Markttransparenz widerspiegelt. Ein weiteres Wesensmerkmal des Kartegeschäfts stellt die Gestaltung der Höhe und Ausprägung der Interchange Fee dar. Trotz der Senkung Interchange Fee gibt noch immer noch keine klare Vorgabe seitens der DG Comp, ob weiteren Senkungen folgen oder eine Beibehaltung angestrebt wird, was signifikante Auswirkungen auf die Effektivität des Kartengeschäfts hat, wie das Geschäftsmodell von EPI. Ebenfalls trägt die Entwicklung der Interchange Fee auch wesentlich zur Steigerung des Wohlfahrtseffekts einer Volkswirtschaft bei, weshalb die Diskussion zur Interchange Fee auch einen wesentlichen Bestandteil der künftigen Entwicklung des Kartengeschäfts darstellt.

Im Hinblick auf die digitale Transformation der betrieblichen Ökosysteme bietet von allen Zahlungsinstrumenten insb. das Kartengeschäft nennenswerte Innovationsvorteile. Denn mithilfe von Kartenzahlungen lassen sich digitale Services weltweit, Issuer-unabhängig und über alle Vertriebskanäle monetarisieren, ein Vorteil, den SCT und SDD außerhalb von Europa nicht mitbringen. Zudem

[1] Konvertierungskosten sind Kosten, die durch Medienbrüche aufgrund bspw. unterschiedlicher Datenformate zweiter Schemes in der Abwicklung von Kartenzahlungen entstehen.

S. Huch, *Grundlagen des EU-Kartengeschäfts*, essentials,
https://doi.org/10.1007/978-3-658-36546-2_5

bieten Kartenzahlungen bei sofortigem Geldtransfer das geringste Ausfallrisiko und eigenen sich daher auch neben den genannten Vertriebskanälen als „Rückrad“ für mobile Wallets oder Kryptowährungen. Dieser Vorteil sieht auch die innovative Zahlungslösung von EPI vor, weshalb neben SCTInst vor allem auf Kartenzahlungen zurückgegriffen wird. Damit dienen die Kartenzahlungen als originäre Domäne der Banken auch als Mittel, um künftig Wettbewerbsvorteile gegenüber den GAFA etc. zu erzielen. Dies wollen die Banken damit erreichen, indem sie neben einer globalen Lösung auch die sog. Value Added Services einheitlich im Bankenverbund entwickeln und vertreiben. Insgesamt wird EPI dabei aus Sicht der Banken als "letzte Chance" gesehen, um sich auf dem Markt gegenüber den internationalen Kartenschemes und den Big Techs zu positionieren und ihre Kundenbeziehungen zu stärken.

Was Sie aus diesem *essential* mitnehmen können

- Kenntnisse über die Parteien im 4-Corner Scheme sowie deren Unterscheidung, Rollen und Verantwortlichkeiten entlang der Wertschöpfungskette des Zahlungsverkehrs und des Kartengeschäfts
- Differenzierung der einzelnen Kartentypen (Debit-, Charge- und Kreditkarte) sowie die vier wichtigsten Verrechnungs- und Transaktionsströme der Zahlungskarten: die Autorisierung (PIN basiert), der Transaktions- bzw. Informationsfluss, der Clearing und Settlement Mechanism, der Gebührenfluss
- Architektur der Kartenschemes und die Bedeutung der Interchange Fee
- Einordnung des Kartengeschäfts in die Bedeutung von Produkt- und Serviceinnovationen, sowie die Bedeutung des Kartengeschäfts als Erfolgsfaktor der Monetarisierung und somit Grundlage digitaler Geschäftsmodelle im End-to-End Kontext von Business und IT
- Grundlegendes Verständnis über den Aufbau, Zielsetzung und die Use Cases der European Payment Initiative

S. Huch, *Grundlagen des EU-Kartengeschäfts*, essentials,
https://doi.org/10.1007/978-3-658-36546-2

Literatur

Abele, Hanns; Berger, Ulrich; Schäfer, Guido (2007): Kartenzahlungen im Euro-Zahlungsraum. Mit 39 Tabellen. Heidelberg;, New York: Physica-Verl.

Alt, Rainer; Huch, Stefan (2021): FinTech Lexicon, Wiesbaden: Springer Fachmedien Wiesbaden GmbH. Aufl. 2021.

Alt, Rainer; Puschmann, Thomas (2016): Digitalisierung in der Finanzindustrie – Grundlagen der Fintech-Evolution, 2016

Armstrong, Mark; Sappington, David E. M. (2006): Regulation, Competition, and Liberalization tion, Competit Liberalization. In Journal of Economic Literature XLIV (June 2006), pp. 325–366.

Artzt, Matthias (2011): Kontoführung & Zahlungsverkehr. Rechtsfragen aus der Bankpraxis. 4th ed. Heidelberg: Finanz-Colloquium Heidelberg.

Aurazo, Jose; Vasquez, Jose (2019): Merchant's Card Acceptance: An extension of the Tourist Test for Developing Countries, IHEID Working Papers 11–2019, Economics Section, The Graduate Institute of International Studies.

Bergman, Mats (2007): The Costs of Paying – Private and Social Costs of Cash and Card. In Sveriges Riksbank Working Paper Series (No. 212), pp. 1–27.

Bolt, Wilko; Humphrey, David (2007): Payment network scale economies, SEPA, and cash replacement. In Review of Network Economics 6 (7), pp. 453–473. Available online at http://www.worldcat.org/oclc/190846287.

Bolt, Wilko; Schmiedel, Heiko (2009): SEPA, efficiency, and payment card competition. In ECB WORKING PAPER SERIES (1140). Available online at http://www.worldcat.org/oclc/513295963.

Capgemini (2021): Capgemini Analysis. Projektergebnisse. Zusammenfassung von Inhalten und Ergebnissen aus Projekten im Zahlungsverkehr. With assistance of Martina Weimert. Edited by Stefan Huch. Capgemini Invent. Frankfurt am Main.

Capgemini Research Instiute (2021): World Payment Report. 17th ed. With assistance of Jean Lassignardie, Scott Barton, Patrick Desmarès. Edited by Capgemini, RBS, EFMA. Frankfurt am Main (World Payment Report, 10).

Deutsche Bundesbank (2017): Zahlungsverhalten in Deutschland. Vierte empirische Studie über die Auswahl und Verwendung von Zahlungsinstrumenten in der Bundesrepublik Deutschland.

S. Huch, *Grundlagen des EU-Kartengeschäfts,* essentials,
https://doi.org/10.1007/978-3-658-36546-2

Deutsche Bundesbank (2020): Zahlungsverhalten in Deutschland 2020 Bezahlen im Jahr der Corona-Pandemie. Erhebung über die Verwendung von Zahlungsmitteln in der Bundesrepublik Deutschland.

European Payment Initiative (2021): About EPI. https://www.epicompany.eu/. Zugriff am 17.09.2021

European Central Bank (2006): The Eurosystem´s view of a "SEPA For Cards". ECB Progress Report.

European Central Bank (2012): Glossary. Edited by European Central Bank. European Central Bank.

European Central Bank (2019): Card payments in Europe: Current landscape and future prospects: a Eurosystem perspective, April 2019.

European Central Bank (2021): SPEECH: At the edge of tomorrow: preparing the future of European retail payments. https://www.ecb.europa.eu/press/key/date/2021/html/ecb.sp210519~6a4523d953.en.html. Zugriff am 17.09.2021.

European Commission (2006): Interim Report I Payment Cards. Sector Inquiry under Article 17 Regulation 1/2003 on retail banking. Edited by European Commission Competition DG. European Commission Competition DG Financial Services (Banking and Insurance). Brussels.

European Commission (2007): Report on the retail banking sector inquiry. Commission Staff Working Document accompanying the Communication from the Commission – Sector Inquiry under Art 17 of Regulation 1/2003 on retail banking (Final Report) [COM(2007) 33 final]. Commission Staff Working Document. Edited by European Commission. European Commission. Brussels (SEC(2007) 106).

Evans, David S. (2004): It Takes Two to Tango: The Economics of Two-Sided-Markets. In The Payment Card Economics Review 2004 (Vol. 2), pp. 47–57.

Evans, David S.; Schmalensee, Richard (2005): Paying with plastic. The digital revolution in buying and borrowing. Second Edition. 2nd. Cambridge, Mass: MIT Press. Available online at http://www.worldcat.org/oclc/704754125.

Gans, Joshua S. (2007): Evaluating the Impact of the Payment System Reforms. (Updated) Submission to the Reserve Bank of Australia"s Payment System Board"s 2007–08 Review of Payment System Reforms. Edited by University of Melbourne.

Global Payment Summit (2021): https://www.payment-summit.de/; Vortrag Martina Weimert, the CEO of EPI Interim Company. 30.03.2021.

Goldschmidt, Nils (Ed.) (2008): Grundtexte zur Freiburger Tradition der Ordnungsökonomik. Tübingen: Mohr Siebeck.

Huch, Stefan (2013): Die Transformation des europäischen Kartengeschäfts- Inhalte und Auswirkungen der europäischen Liberalisierung und Harmonisierung des Zahlungsverkehrs basierend auf der PSD und SEPA der Europäischen Union im Kartengeschäft. Stuttgart: Gabler Springer.

Huch, Stefan (2014): Der Einheitliche EU-Zahlungsverkehr: Inhalte und Auswirkungen von PSD I, PSD II und SEPA (essentials). Wiesbaden: Springer Fachmedien Wiesbaden GmbH. Aufl. 2014.

Jonker, Nicole; Plooij, Mirjam. (2013): Tourist Test interchange fees for card payments: down or out? Journal of Financial Market Infrastructures, Volume 1, No. 4, (June 2013), Pages: 51–72.

Kokkola, Tom (2010): The Payment System. Payments, securities and derivatives, and the role of the eurosystem. With assistance of European Central Bank. Frankfurt am Main: European Central Bank. Available online at http://www.worldcat.org/oclc/686606450.

Kubis-Labiak, Barbara (2004): The European Cards and Payments Market Outlook. Securing profit under competitive threat. Edited by Datamonitor. Datamonitor (Business Insights).

Li, Bin Grace; McAndre, James; Wang, Zhu (2020): Two-sided Market, R&D and Payments System Evolution, Journal of Monetary Economics, Volume 115, November 2020, Pages 180–199.

Mai, Heike (2005): Zahlungsverkehr EU-weit: Die Grundlagen müssen stimmen. Edited by Deutsche Bank Research. Frankfurt am Main (Deutsche Bank Research).

Mastercard (2021): https://www.mastercard.com/news/europe/de-de/blog/de-de/abschied-vom-magnetstreifen-durchziehen-ist-schon-bald-geschichte/. Aufgerufen am 02.09.2021.

Maurer, David (2009): Einblicke in die Ökonomie der Zahlungskartensysteme. Edited by Schweizerische Nationalbank. Schweizerische Nationalbank.

Riedl, Gerald R. (2002): Der bankbetriebliche Zahlungsverkehr. Infrastruktur-Innovationen und Wandel der Zahlungsverkehrsabwicklung; mit 32 Tab. Heidelberg: Physica-Verl.

Rochet, Jean-Charles (2003): The Theory of Interchange Fees: A Synthesis of Recent Contributions. In Review of Network Economics 2003 (Vol. 2, Issue 2), pp. 97–124.

Rochet, Jean-Charles; Tirole, Jean (2005): A Primer on Payment Cards. Report Prepared for the Portuguese Competition Authority. Final Version 2005, pp. 1–53.

Rochet, Jean-Charles; Tirole, Jean (2006a): Externalities and Regulation in Card Payment Systems. In Review of Network Economics Vol. 5 (1), pp. 1–14.

Rochet, Jean-Charles; Tirole, Jean (2006b): Two-Sided-Markets: A Progress Report. In Rand Journal of Economics 37 (3), pp. 645–667.

Rochet, Jean-Charles; Tirole, Jean (2011) Must-take cards: merchant discounts and avoided costs, J. Eur. Econ. Assoc., 9 (3) (2011), pp. 462–495.

Rysman, Marc (2007): An Empirical Analysis of Payment Card Usage. An empirical model of payment card usage. In The Journal of Industrial Economics 55 (1), pp. 1–36.

Schmalensee, Richard (2002): Payment systems and interchange fees. In Journal of Industrial Economics 50 (No. 2), pp. 103–122.

Sidak, J. Gregory; Willig, Robert D. (2016) Two-Sided Market Definition and Competitive Effects for Credit Cards After United States v. American Express, Journal of Innovation, p. 1301–1311.

Weimert, Martina (2021): Das ist der Masterplan für die „European Payments Initiative“, Finanz-Szene – Der Podcast, Moderation Christian Kirchner, https://finanz-szene.de/payments/hier-kommt-exklusiv-der-masterplan-fuer-die-european-payments-initiative/, 24.01.2021.

Wright, Julian (2004): The determinants of optimal interchange fees in payment systems. In Journal of Industrial Economics LII (No. 1).

Printed in the United States
by Baker & Taylor Publisher Services